1판 1쇄 발행	2021년 1월 2일
글쓴이	남상욱
그린이	김수연
편집	이용혁
디자인	문지현 오나경
펴낸이	이경민
펴낸곳	㈜동아엠앤비
출판등록	2014년 3월 28일(제25100-2014-000025호)
주소	(03737) 서울특별시 서대문구 충정로 35-17 인촌빌딩 1층
전화	(편집) 02-392-6901 (마케팅) 02-392-6900
팩스	02-392-6902
전자우편	damnb0401@naver.com
SNS	

ISBN 979-11-6363-311-2 (74400)

※ 책 가격은 뒤표지에 있습니다.
※ 잘못된 책은 구입한 곳에서 바꿔 드립니다.
※ 이 책에 실린 사진은 위키피디아, 셔터스톡에서 제공받았습니다.

도서출판 뭉치는 ㈜동아엠앤비의 어린이 출판 브랜드로, 아이들의 지식을 단단하게 만들어 주고, 아이들의 창의력과 사고력을 키워 주어 우리 자녀들이 융합형 창의 사고뭉치로 성장할 수 있도록 좋은 책을 만들겠습니다.

펴내는 글

우리나라는 정말 물 부족 국가일까?
바닷물을 먹는 물로 바꾸는 건 어려운 일일까?

선생님의 질문에 교실은 일순간 조용해지기 시작합니다. 인내심이 한계에 다다른 선생님께서 콕 집어 누군가의 이름을 부르는 순간 내가 걸리지 않았다는 안도감에 금세 평온을 되찾지요. 많은 사람 앞에서 어떻게 말을 해야 할까 고민 한 번 해 보지 않은 사람은 없을 겁니다.

사람들 앞에서 자신의 생각을 조리 있게 전달하는 기술은 국어 수업 시간에만 필요한 것이 아닙니다. 학교 교실뿐만 아니라 상급 학교 면접 자리 또는 성인이 된 후 회의에서도 자신의 의견을 분명히 표현할 수 있어야 합니다. 하지만 어디서부터 시작해야 할지 몰라 입을 떼는 일이 쉽지 않습니다. 혀끝에서 맴돌다 삼켜 버리는 일도 종종 있습니다. 얼떨결에 한마디 말을 하게 되더라도 뭔가 부족한 설명에 왠지 아쉬움이 들 때도 많습니다.

논리적 사고 과정과 순발력까지 필요로 하는 토론장에서 자신만의 목소리를 내려면 풍부한 배경지식은 기본입니다. 게다가 고학년으로 올라가서 배우는 수업과 진학 시험에서의 논술은 교과서 속의 내용만을 요구하지 않습니다. 또한 상대의 의견을 받아들이거나 비판하기 위해서도 의견의 타당성과 높은 수준의 가치 판단을 해야 하는 경우가 많은데, 자신의 입장을 분명히 하기 위해선 풍부한 자료와 논거가 필요합니다.

토론왕 시리즈는 우리 주변에서 일어나는 다양한 사건과 시사 상식 그리고 해마다 반복되는 화젯거리 등을 초등학교 수준에서 학습하고 자신의 말로 표현할 수 있도록 기획되었습니다. 체계적이고 널리 인정받은 여러 콘텐츠를 수집해 정리하였고, 전문 작가들이 학생들의 발달 상황에 맞게 스토리를 구성하였습니다. 개별적으로 만들어진 교과서에서는 접할 수 없는 구성으로 주제와 내용을 엮어 어린 독자들이 과학적 사고뿐만 아니라 문제 해결력, 비판적 사고력을 두루 경험할 수 있도록 하였습니다. 폭넓은 정보를 서로 연결 지어 설명함으로써 교과별로 조각나 있는 지식을 엮어 배경지식을 보다 탄탄하게 만들어 줍니다. 뿐만 아니라 국어를 기본으로 과학에서부터 역사, 지리, 사회, 예술에 이르기까지 상식과 사회에 대한 감각을 익히고 세상을 올바르게 바라보는 눈도 갖게 할 것입니다.

　『콸콸콸~ STOP!!! 우리나라도 위험해요 소중한 물』은 전 세계적으로 물이 부족하면 어떤 일이 일어나는지 사회 현상과 과학적 상식을 함께 다루고 있습니다. 독자들이 물 부족에 대해 학습하고 우리가 왜 물을 아껴야 하는지 알게 된다면 이 책의 가치는 충분히 발휘된 것입니다. 또한 과학자들과 관련 연구가들이 전 세계의 물 부족 상황에 대해 겪었던 고민을 함께하고 이를 해결해 보기 위해 노력한다면 더없이 소중한 시간이 될 것입니다.

편집부

펴내는 글 · 4
갑자기 사라진 도로시 · 8

1장 오즈로 간 도로시 · 11

오즈 나라에 왜 왔니? / 물 좀 주세요!
물의 요정을 만난 도로시 / 오즈 사람들을 구하라!

토론왕 되기! 물 부족은 왜 생기는 걸까?
물 때문에 전쟁이 일어날까?

2장 허수아비와 나무꾼을 만난 도로시 · 33
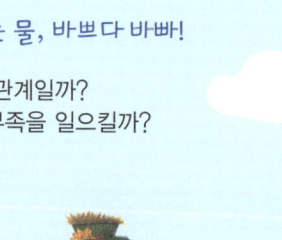

바보 허수아비 / 바닷물 바꾸기는 힘들어
삐걱삐걱 양철 나무꾼 / 계속 돌고 도는 물, 바쁘다 바빠!

토론왕 되기! 기후 변화와 물 부족은 어떤 관계일까?
엘니뇨와 라니냐 현상이 물 부족을 일으킬까?

3장 사자를 만난 도로시 · 57

배고픈 사자
보이지 않는 물의 존재
물에도 발자국이 있다고?

토론왕 되기! 물 발자국이 뭘까?

뭉치 토론 만화
물 부족, 댐으로 막을 수 있을까? · 77

4장 오즈를 만난 로시 · 85

무서운 에메랄드 시티

물이 아프면 우리 몸도 아파요

마법사의 정체를 밝혀라

토론왕 되기! 수질 오염은 왜 생기는 걸까?
수질 오염은 어떤 병을 일으킬까?

5장 서쪽 마녀와의 마지막 대결 · 107

마녀 과학자 / 신기한 정수 장치

빗물 저금통 만들기 / 오즈 나라 안녕!

토론왕 되기! 영국 런던의 템스강에서 악취가?
오염된 물을 깨끗하게 살릴 수 있을까?

어려운 용어를 파헤치자! · 129

물 부족 관련 사이트 · 130

신나는 토론을 위한 맞춤 가이드 · 131

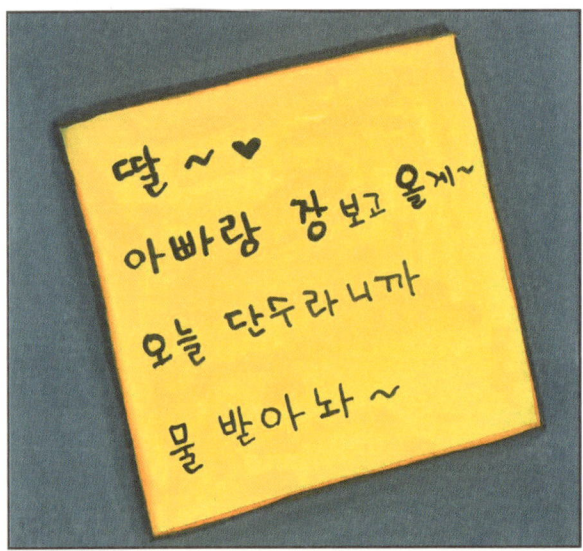

오즈로 간 도로시

오즈 나라에 왜 왔니?

"헉! 도대체 여기는 어디지?"

로시는 깜짝 놀랐어요. 조금 전까지만 해도 분명히 집 안에 있있는데, 지금 로시는 길 한가운데 서 있었어요. 말라비틀어진 나무들이 흔들리고 모래바람이 불어오는 삭막한 곳이었죠.

로시는 꿈을 꾸는 건가 싶어서 볼을 꼬집었죠.

"아야!"

하지만 꿈이 아니었어요. 볼이 정말로 아팠거든요!

그때 저 멀리 마을이 보였어요. 로시는 얼른 마을을 향해 달려갔어요. 그곳에 가면 왜 자신이 이런 곳에 왔는지 알 수 있을 것 같았거든요.

하지만 마을에는 오가는 사람 하나 없이 썰렁하기만 했어요. 당황한 로시가 주변을 두리번거리는데, 저 멀리서 소년 한 명이 터벅터벅 걸어오는 게 보였죠. 로시는 반가운 마음에 얼른 소년에게 다가갔어요.

"안녕! 뭐 좀 물어볼…… 윽! 이게 무슨 냄새야?"

너무나 지독한 냄새에 로시는 코를 감싸 쥐었어요. 소년은 얼마나 씻지 않았는지 온몸에서 땟국물이 주르륵 흐르고 있었어요. 로시는 자기도 모르게 소년에게서 멀찍이 멀어졌어요. 그러자 소년이 로시를 노려보았어요.

"흥! 나보다 깨끗하다고 잘난 척은. 이 정도면 우리 마을에선 깨끗한 편이라고. 안 씻은 지 일주일밖에 안 되었으니까."

일주일이나 안 씻었다고요? 깔끔쟁이 로시는 이해가 가지 않았어요.

"넌 꽤나 깨끗해 보이는 걸 보니 우리 마을 사람이 아니구나."

"맞아. 난 조금 전에 이곳에 도착했어. 그런데 여기가 어디니?"

"여기는 오즈 나라야."

소년이 힘없는 표정으로 대답했어요.

"뭐? 오즈 나라? 설마 그 『오즈의 마법사』에 나오는 오즈?"

로시가 눈을 휘둥그레 뜨고 소리쳤어요. 그러자 소년은 깜짝 놀란 눈으로 로시를 봤어요.

"너 마법사 님을 알아?"

"아, 아니…… 아는 건 아냐. 그냥 들어 본 적이 있어."

로시는 속으로 깜짝 놀랐어요. 로시가 가장 좋아하는 동화가 『오즈의 마법사』였거든요. 그렇다면 이곳이 동화 속 오즈 나라라는 건가요? 하지만 로시의 눈에 보이는 마을의 모습은 자기가 알고 있던 아름다운 오즈의 나라와는 거리가 멀었어요. 대체 무슨 일이 일어난 건지 로시는 몹시 궁금해졌죠.

"그런데 넌 우리 마을에 왜 온 거야?"

"응? 어…… 그게…… 여행, 여행 온 거야."

로시가 얼른 둘러댔어요. 집에 있다가 갑자기 이리로 뚝 떨어졌다고 말하면 이상하게 생각할 게 뻔했으니까요.

"여기로 여행을 왔다고? 너 좀 이상한 애구나."

"이상하긴 뭐가!"

"아니면 말고. 그럼 구경 잘하고 가."

소년은 지친 표정을 짓고 다시 가던 길로 걸어갔어요.

다시 혼자가 된 로시는 머리가 복잡해졌어요.

'만약에 정말 여기가 오즈의 나라라면 어떻게 집으로 돌아가지?'

갑자기 로시는 목이 타는 것 같은 느낌을 받았어요. 그제야 로시는 자기가 하루 종일 물을 마시지 않았다는 사실을 깨달았어요.

로시는 멀어져 가던 소년을 다급히 불렀어요.

"저, 저기 잠깐만!"

"저기…… 여기 물은 어디서 마셔?"

 물 좀 주세요!

"이 근처에 물을 마실 수 있는 곳은 없어."

"물을 마실 수 있는 곳이 없다고?"

로시는 소년의 말을 믿을 수가 없었어요.

"집에는 물이 있을 거 아냐. 물 한 잔만 줘. 응?"

"너한테 물을 주면, 우리 식구들은 오늘 물을 못 마셔."

로시는 너무 기가 막혀서 흥! 세게 콧방귀를 뀌었어요.

"내가 하마니? 너희 집 물을 다 마시게? 겨우 물 한 컵 가지고 그렇게 치사하게 굴 거야?"

로시가 화가 나서 씩씩거렸어요. 로시는 지금이라도 미안하다고 하면 사과를 받아 주겠다고 생각했지만, 소년의 입에서 나오는 말은 황당 그 자체였어요.

"우리 마을은 하루에 마실 수 있는 물의 양이 정해져 있어. 한 사람당 딱 한 컵뿐이야. 그래서 너한테 줄 수가 없다는 거야."

"그 말을 나보고 믿으라고?"

"믿든 말든 그건 네 자유야. 하지만 주변을 좀 봐. 넌 뭐 느껴지는 거 없어?"

로시는 주변을 살폈어요. 마을의 꽃은 다 시들어 있고, 나무들도 이파리 하나 없었어요. 거리는 청소를 하지 않았는지 불쾌한 냄새로 가득했고요.

"사실 아까부터 궁금했어. 대체 마을이 왜 이런 거야? 마을 사람들이 다 게으름뱅이인 거야?"

 도로시의 물 사랑 팁

물 부족이란 무엇일까?

물 부족은 두 가지 상황을 뜻해요. 첫째는 물이 모두 오염되어서 마실 수 있는 물이 없을 때를 말해요. 둘째는 가지고 있는 물을 모두 사용해 버려서 주변에서 더 이상 새로운 물을 구할 수 없을 때를 말하죠.

대한민국에 사는 우리는 어디서나 오염되지 않은 물을 쉽게 구할 수 있어요. 그래서 물 부족이 무엇인지 감이 오지 않을 수 있어요. 하지만 세계의 많은 사람들이 지금 이 순간에도 물 부족을 겪고 있어요.

경제개발협력기구는 '2050 환경 전망' 보고서에서 2025년이면 우리나라도 물 기근을 겪을 거라고 했고, 2050년에는 물 스트레스 수준이 OECD 국가 중 최고일 거라고 평가했어요. 우리나라가 물 스트레스 국가로 지정된 이유는 땅은 좁으면서 인구 밀도가 높기 때문이에요. 또 강우량이 여름에 집중돼 이용 가능한 수자원이 부족하기 때문이라고 해요.

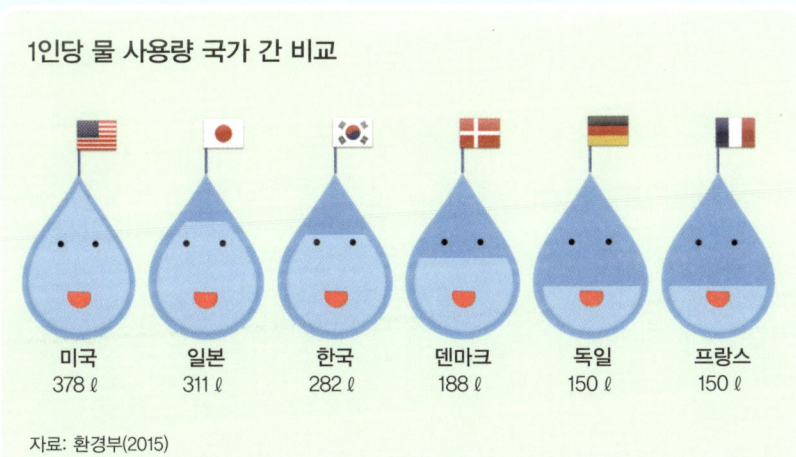

1인당 물 사용량 국가 간 비교

미국	일본	한국	덴마크	독일	프랑스
378ℓ	311ℓ	282ℓ	188ℓ	150ℓ	150ℓ

자료: 환경부(2015)

소년은 발끈해서 외쳤어요.

"게으르다니! 이게 다 물이 없어서야."

"물이 없다니? 수도꼭지만 틀면 나오잖아."

로시가 퉁명스레 대꾸했어요. 소년은 깊은 한숨을 내쉬었어요.

"넌 정말 물이 풍부한 곳에 살고 있나 보구나. 부럽다. 하지만 우리 오즈는 물이 엄청 부족해. 오랫동안 가뭄에 시달렸거든."

로시는 그제야 오즈의 상황이 심각하다는 걸 깨달았어요.

"그럼 여기가 아프리카 같은 곳인 거야?"

"난 아프리카도 처음 들어 봐. 그곳도 여기처럼 물이 부족하니?"

로시는 고개를 끄덕였어요.

소년의 얼굴은 매우 슬퍼 보였어요. 로시는 소년을 위로해 주고 싶었지만 무슨 말을 해야 할지 알지 못했죠. 평소 로시는 겨우 하루 정도의 단수로도 불편해 투덜거리곤 했어요. 그런데 하루에 한 컵밖에 못 마신다니. 그게 얼마나 괴로운 일인지 로시는 상상도 할 수가 없었어요.

"그럼 난 정말 물을 한 모금도 마실 수 없는 거야?"

"응. 아무도 너한테 물을 내어 주지 않을 거야. 자기가 마실 물도 없으니까."

"말도 안 돼. 목말라서 미칠 것 같은데!"

로시는 빨리 이곳을 떠나야겠다고 생각했어요.

"이 마을에서 나가고 싶어. 어떻게 해야 해?"

"넌 마법이 있을 거 아냐. 그걸로 나가면 되잖아."

"난 평범한 소녀야. 마법 같은 거 할 줄 몰라."

"그럼 넌 어떻게 우리 마을로 온 거야?"

로시는 소년이 무슨 말을 하는지 몰라 가만히 있었어요. 그러자 소년은 로시를 데리고 마을 입구로 향했어요.

물이 바짝 말라 버린 강이 바닥을 드러내고 있었어요. 원래는 수심이 깊은 강이었는데 지금은 마치 절벽처럼 보였어요.

"여기가 마을 입구야. 가뭄이 들기 전까지 우리 마을 사람들은 배를 타고 반대편 마을로 건너갔어."

"그럼 지금은 어떻게 다녀?"

"보다시피 지금은 아무 데도 못 가. 오직 마법으로만 마을을 오갈 수 있어. 난 네가 오즈의 마법사 님과 아는 사이인 줄 알았는데……."

'난 『오즈의 마법사』 이야기에 나오는 그 도로시가 아니잖아. 그냥 이름만 같을 뿐인데 왜 나한테 이런 일이 일어난 걸까? 마법 같은 건 모르는데 어쩌지? 평생 여기서 살아야 되는 거야?'

로시는 덜컥 겁이 났어요. 로시의 눈에서 또르르 눈물이 흘러내리더니 메마른 꽃잎에 톡 하고 떨어졌어요.

그러자 놀라운 일이 벌어졌어요!

메마른 꽃잎이 다시 촉촉해지기 시작한 거예요. 그리고 그 꽃에서 작고 아름다운 여인이 피어오르는 게 아니겠어요?

소년은 여인을 보고 깜짝 놀라 외쳤어요!

"물의 요정님! 물의 요정님이야!"

🏠 물의 요정을 만난 도로시

로시는 뭐가 뭔지 몰라 얼떨떨한 표정을 짓고 있었어요.

"물의 요정이라니?"

"뭐야, 너 물의 요정님도 모르는 거야?"

소년은 방금 전까지의 우울한 모습은 싹 잊은 채 잔뜩 흥분한 표정으로 말을 이어 갔어요.

"우리가 정말 목이 말라 힘들 때면 나타나서서 물 한 컵을 주시는 요정님이시라고. 정말 착한 분이셔."

정말 동화 같은 이야기를 로시는 믿기가 어려웠어요. 그때 물의 요정이 로시와 소년을 바라보며 자그마한 입술을 열었어요.

 도로시 님이 흘린 눈물이 꽃에 떨어지며, 꽃의 목마름을 조금이나마 가시게 해 줬습니다. 그 보답을 해 드리겠습니다.

'어떻게 내 이름을 알았지?'

로시는 속으로 깜짝 놀랐어요. 하지만 요정의 진정한 능력은 지금부터였어요.

물의 요정이 허공에 손짓을 하자, 물 두 컵이 생겨난 거예요!

🌸 자, 드세요.

너무 목이 말랐던 로시는 감사하다는 말도 잊은 채, 물컵을 들고 벌컥벌컥 마셨어요.

"아, 시원해! 역시 물이 최고야!"

그런데 이상하게도 소년은 침을 꼴깍 삼키며 컵에 든 물을 바라보고만 있었어요.

"넌 왜 안 마셔?"

"마시고 싶지만 참아야 해. 집에 계신 엄마 아빠와 동생들도 모두 물을 못 마시고 있어. 가져가서 나눠 마시려고."

로시는 목마름을 참는 소년이 너무 안타까웠어요. 한편으로는 자기 앞에 있는 물의 요정이 왠지 미워졌죠.

'흥, 물의 요정이라며? 이렇게 가뭄 때문에 사람들이 힘들어하는데도 겨우 물 한 컵씩만 준단 말이야? 치사해.'

그때 물의 요정이 로시를 바라보았어요.

🌸 계속된 가뭄으로 인해 제 힘이 약해져서 많은 물을 드릴 수가 없어요. 죄

죄송해요, 도로시 님.

속마음을 들켜 당황한 로시가 아무 말도 못하는 사이, 물의 요정은 말을 이어 갔어요.

❀ 오즈 나라가 처음부터 이렇게 물이 없었던 건 아니랍니다. 예전에는 모두들 부족함 없이 물을 사용했죠.

"그럼 어쩌다 이렇게 물이 모자라게 된 거예요?"

❀ 오즈 나라 사람들은 물이 영원할 거라고 믿었어요. 그래서 물을 함부로 쓰기 시작했죠.

요정은 다시 허공에 손짓을 했어요. 이번에는 물이 풍부했던 시절 오즈 나라 사람들이 생활하던 모습을 볼 수 있었어요.

오즈 나라 사람들은 물을 틀어 둔 채 양치질을 하고 손을 씻고 있었죠. 샤워할 때도 물을 계속 틀어 놓은 상태로 씻고, 조금만 빨랫감이 나와도 세탁기를 돌렸지요. 소년은 그 모습을 보고 부끄러워서 고개를 푹 숙였어요. 하지만 로시는 뭐가 잘못된 건지 알 수 없었어요. 자기가 평소에 하던 행동들이었거든요.

❀ 이를 닦을 때 컵을 사용하면 줄일 수 있는 물의 양이 얼마나 되는지 아시나요?

고개를 숙이고 있던 소년이 작은 목소리로 답했어요.

"이를 닦을 때 컵을 사용하면 아낄 수 있는 물의 양은 $1.5\,\ell$예요. 종

이컵 7.5개를 꽉 채울 수 있는 양이죠."

🌸 맞아요, 그럼 비누칠할 때 수도꼭지를 잠그고 손을 씻으면 줄일 수 있는 물의 양은요?

"비누칠할 때 수도꼭지를 잠그면 물 6ℓ를 아낄 수 있어요. 종이컵 30개를 꽉 채울 수 있죠."

'뭐? 그럼 내가 양치할 때마다 물을 7.5컵이나 버리고, 손 씻을 때마다 30컵이나 버렸다고?'

로시는 충격적인 사실에 깜짝 놀랐어요.

🌸 그러다 보니 점점 물은 줄어들었어요. 마침 최악의 가뭄까지 찾아왔고요. 결국 오즈는 물이 사라져 버렸고, 제 힘도 약해졌답니다.

물의 요정은 로시를 쳐다봤어요. 로시는 수업 시간에 장난치다 선생님과 눈이 마주쳤을 때와 비슷한 기분을 느꼈어요.

🌸 도로시 님은 어떤가요? 그동안 물을 아껴 썼나요?

"…… 아뇨."

로시야말로 그동안 물을 아끼지 않는 데는 일등이었죠.

🌸 도로시 님이 사는 세상이 오즈 나라처럼 변한다면 어떨 것 같나요?

로시는 생각만으로도 눈물이 날 것만 같았어요. 그래서 아무 말도 하지 못하고 고개를 세차게 저었어요. 그런 로시를 물의 요정은 따스한 미소를 짓고 내려다보았어요.

우리나라도 위험해요 소중한 물

 오즈 사람들을 구하라!

🌸 이렇게 물 부족으로 힘들어하는 오즈 나라 사람들을 구할 수 있는 건 도로시 님, 바로 당신밖에 없답니다.

아무래도 물의 요정은 로시를 『오즈의 마법사』에 나오는 진짜 도로시와 착각했나 봐요. 소년은 그 말을 듣자 눈을 빛냈어요.

"그래, 그럴 줄 알았어! 너 사실은 마법을 쓸 수 있는 거 맞지? 오즈의 마법사 님도 알고 있고!"

"아, 아니야. 그런데 그 오즈의 마법사란 분이, 에메랄드 시티에 있는 마법사를 말하는 거야?"

로시는 혹시나 해서 물어보았어요.

"그래, 맞아! 로시 넌 역시 알고 있었어!"

🌸 오즈의 마법사에게 물을 달라고 부탁해 주세요. 그분이라면 분명 오즈 나라의 물 부족을 해결해 주실 거랍니다. 그리고 도로시 님의 문제도 해결해 주실 거예요.

물의 요정의 말을 듣던 로시는 궁금한 점이 생겼어요.

"그런데 왜 이 마을 사람들은 지금까지 에메랄드 시티로 가지 않은 거예요?"

🌸 마을 사람들은 오랜 시간 물 부족에 시달린 나머지 먼 길을 떠날 힘이 없

도로시의 물 사랑 팁

한국인의 하루 물 사용량

우리나라 사람이 하루에 물을 얼마나 사용하는 줄 아세요? 무려 1인당 289ℓ(2017년 기준)의 물을 사용한다고 해요. 2ℓ짜리 생수병으로 144.5병을 사용한다는 거죠. 엄청나지 않나요?

> 얼굴과 손을 씻는 데 20ℓ, 목욕을 하는 데 28ℓ,
> 세탁을 하는 데 36ℓ, 음식을 만들거나 설거지를 하는 데 38ℓ,
> 변기를 쓰는 데 45ℓ라는 물이 사용된다고 해요.

몸을 깨끗이 하는 것도 중요한 일이죠. 하지만 그만큼 물을 낭비하지 않는 것도 중요해요. 앞으로 꼭 필요할 때가 아니면 수도꼭지를 잠그고, 이를 닦을 때는 물컵을 쓰도록 해요. 알겠죠?

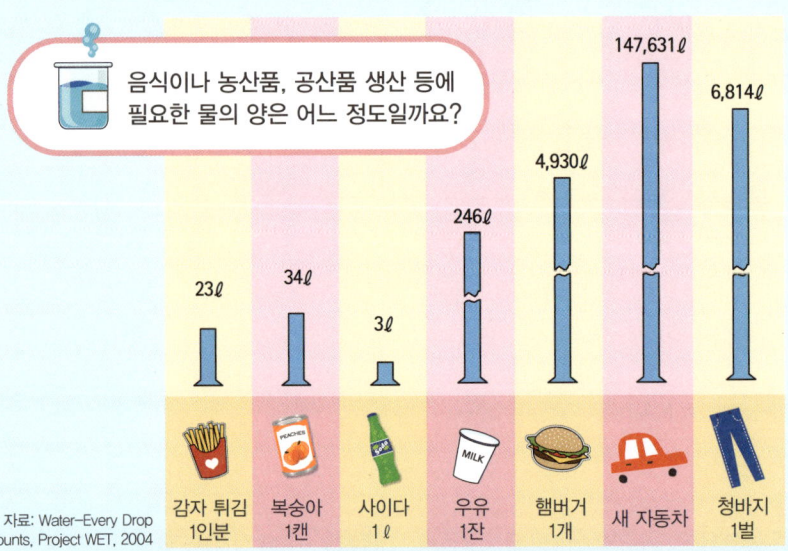

자료: Water-Every Drop Counts, Project WET, 2004

답니다. 그리고…….

"그리고요?"

물의 요정은 잠시 망설이듯 뜸을 들였어요.

🌸 …… 마법사를 찾아가는 길은 매우 위험하답니다. 마법사를 찾아 나섰다가 영영 돌아오지 못한 사람들도 있어요.

"옛날에 오즈 사람들의 미움을 받고 쫓겨난 마녀가 있거든. 그 마녀한테 잡혀갔대."

소년이 두려운 표정으로 말했어요. 로시의 머릿속은 점점 복잡해졌어요.

'마법사를 만나야 집으로 돌아갈 수 있다니. 정말『오즈의 마법사』동화 속 세상인 거야? 그런데 동화에서는 물 부족 이야기가 없었는데?'

하지만 로시의 장점은 바로 긍정적이라는 것이었어요. 더 이상 고민해 봤자 소용없을 거라고 생각한 로시는 에메랄드 시티에 가기로 마음먹었어요.

로시는 물의 요정에게 힘차게 말했답니다.

"요정님, 제가 마법사를 만나러 갈게요!"

토론왕 되기!

물 부족은 왜 생기는 걸까?

사실 지구 안에서 물의 양은 늘 일정하답니다. 원시 시대 물의 양과 현대 물의 양은 거의 차이가 없어요. 그럴 수 있는 이유는 바로 물의 순환 때문이에요. 바닷물이 햇빛을 받아 증발하면 구름이 되죠. 그리고 그 구름은 다시 비와 눈으로 변해 땅으로 내려와요. 그렇게 계속해서 물은 모습만 변할 뿐 늘 그대로 지구 안에 머물러요.

그렇다면 물 부족은 왜 생기는 걸까요?

첫째로는 폭발적으로 인구가 늘어났기 때문이에요. 1950년에 전 세계의 인구는 25억 명이었어요. 그런데 지금은 78억 명(2020년 기준)으로 늘어났죠. 물을 쓸 사람들이 늘어나니, 상대적으로 물의 양이 부족해진 거예요.

둘째는 물 사용량이 늘어났기 때문이죠. 사회가 발전하면서 사람들은 쉽게 물을 구할 수 있게 되었어요. 그러다 보니 물을 아끼지 않고 사용했어요. 인구가 늘어나는 속도보다 사람들이 물을 사용하는 속도가 더 빠르다고 해요.

셋째는 무분별한 개발로 인한 환경 파괴 때문이에요. 환경이 파괴되면서 물도 오염되었죠. 유엔 발표에 따르면 2050년이 되면 전 세계 인구의 절반이 심각한 물 부족에 시달릴 거라고 해요.

물 부족 원인
- 인구 증가
- 지구 온난화
- 물 사용량 증가

자료: UNEP, Unicef, World Bank

물 때문에 전쟁이 일어날까?

20세기에 가장 중요한 자원이 석유였다면, 21세기에 가장 중요한 자원은 물이에요. 게다가 석유는 태양 에너지처럼 다른 에너지로 대체할 수 있지만 물은 어떤 것으로도 대신할 수 없어요. 그래서 각 국가마다 어떻게 물을 아끼고 관리할지를 고민하기 시작했어요. 심지어는 물 때문에 다른 나라와 다투기까지 했어요.

중동에는 터키에서 시작해 시리아, 이라크를 따라 흐르는 유프라테스강과 티그리스강이 있어요. 세 나라 모두 필요한 물의 대부분을 이 강에서 얻었어요.

그런데 물의 중요성이 커지자 터키는 자신들이 농사를 짓는 데 물이 필요하다는 이유로 강에 큰 댐들을 세워서 물을 막았어요. 그러자 시리아와 이라크에 흘러가는 물의 양이 줄어들었지요. 시리아와 이라크는 터키의 결정에 반대하며 강은 모든 나라의 것이라고 주장했어요. 하지만 터키는 자신의 나라를 흐르는 강물은 자신들의 것이니 상관없다고 맞섰죠. 이들 나라의 물을 둘러싼 싸움은 아직도 진행중이에요.

1. 메콩강 - 중국·태국·라오스·베트남·캄보디아
2. 시르다리야 아무다리야강 - 카자흐스탄·투르크메니스탄·우즈베키스탄·타지키스탄·키르기스스탄
3. 인더스강 - 파키스탄·인도
4. 브라마푸트라강 - 인도·중국
5. 티그리스 유프라테스강 - 터키·시리아·이라크·이란
6. 요르단강 - 이스라엘·팔레스타인
7. 나일강 - 이집트·에티오피아
8. 볼타강 - 부르키나파소·가나

세계의 주요 강을 둘러싼 물 분쟁

물, 어떻게 아끼면 좋을까?

로시가 물을 펑펑 쓰고 있네요.
어떻게 하면 물을 아낄 수 있는지 선을 이어서 알려 주세요!

1

A 샤워 시간을 1분만 줄여도 12ℓ의 물을 아낄 수 있어요.

2

B 물을 잠그고 손을 씻으면 6ℓ의 물을 아낄 수 있어요.

3

C 양치 컵을 사용하면 1.5ℓ의 물을 아낄 수 있어요.

4

D 빨래를 한 번에 모아서 하면 평소보다 20~30%의 물을 더 아낄 수 있어요.

정답: 1-D, 2-C, 3-A, 4-B

2장
허수아비와 나무꾼을 만난 로시

바보 허수아비

소년은 마지막까지 몇 번이고 로시에게 부탁을 했죠.

"도로시야, 꼭 오즈의 마법사 님께 우리 마을을 도와 달라고 해 줘. 알겠지?"

"걱정하지 마. 나만 믿으라고!"

로시는 소년을 향해 큰소리를 쳤어요.

물의 요정 덕분에 로시는 강 반대편으로 갈 수 있었어요.

 제가 도와 드리는 건 여기까지예요. 힘들어도 지금부터는 혼자 힘으로 가셔야 합니다.

그 말을 끝으로 물의 요정은 스르르 사라졌어요.

로시는 물의 요정이 가르쳐 준 방향으로 걷고 또 걸었어요. 하지만 처음의 힘찼던 발걸음도 잠시, 로시는 곧 지쳐 버렸어요.

'아 목말라……. 좀 쉬고 싶다. 그런데 여긴 어떻게 쉴 수 있는 그늘이 하나도 없담?'

그때였어요. 어디선가 좌아아 물소리가 들리는 게 아니겠어요? 로시는 얼른 물소리가 나는 곳으로 뛰어갔어요.

그곳에서 로시는 허수아비가 논에 물을 주고 있는 모습을 보았어요.

"와! 물이다 물!"

로시는 논에 물을 주고 있는 허수아비에게 재빨리 다가갔답니다.

"안녕, 허수아비야. 난 로시라고 해. 나한테 물을 좀 나눠 줄 수 있니? 너무 목이 마르거든."

인사를 하면서도 로시의 눈은 물이 콸콸 흘러나오는 호스에서 떠나지 않았어요.

"안녕, 로시. 그런데 이 물은 안 마시는 게 좋을 텐데……. 이걸 마시면 더 목마를 거야."

허수아비가 걱정스러운 표정으로 말했어요.

"물을 마시는데 목이 더 마르다고? 그런 게 어디 있어? 너 혹시, 처음 보는 나한테 물을 주는 게 아까운 거야?"

"그런 게 아닌데……. 그럼 일단 한번 마셔 봐."

2장 허수아비와 나무꾼을 만난 로시

겨우 한 컵이 아니라 맘껏 물을 마실 수 있다는 생각에 로시는 뛸 듯이 기뻤어요. 하지만 호스를 입에 댄 순간, 로시의 얼굴은 잔뜩 일그러졌어요!

"우욱! 이게 뭐야!"

로시는 호스를 내팽개치고 입에 남은 물을 모두 뱉어 냈어요. 컥컥거리며 기침까지 했지요.

"이게 대체 무슨 물이야? 왜 이렇게 짜?"

로시가 잔뜩 인상을 찌푸리며 물었어요.

"이건 바다에서 퍼 온 물이거든."

"바닷물이라고? 그럼 지금 바닷물을 논에 주고 있었던 거야?"

로시가 화들짝 놀라서 소리쳤어요.

"왜? 그러면 안 돼?"

허수아비가 고개를 갸우뚱거렸어요. 허수아비는 자기가 뭘 잘못했는지 전혀 모르고 있는 표정이었어요.

"당연히 안 되지! 바닷물을 마시면 안 돼. 식물이나 논에 주어도 안 되고. 바닷물을 마시면 수분이 세포에서 빠져나가서 목이 더 마르고, 식물들은 다 죽게 된다고!"

"아…… 그래서 내가 물을 마실수록 목이 더 말랐던 거구나. 농작물은 시들시들 다 죽어 버리고……."

"뭐? 너 이 물을 마셨다고? 그래도 괜찮아?"

"응, 난 허수아비라서 괜찮은가 봐."

허수아비가 부끄러운지 머리를 긁적이며 말했어요. 허수아비 머리에서 지푸라기가 솔솔 떨어져 내렸죠. 그 모습을 보며 로시는 『오즈의 마법사』 이야기에 나오는 허수아비가 떠올랐어요. 동화 속에서 허수아비는 뇌를 갖는 게 소원이었죠.

지금 로시가 만난 이 허수아비도 아무것도 모르고 바닷물을 마시고 농작물에 뿌려 대는 걸 보니, 뇌가 없는 허수아비 같았어요.

"그런데 왜 바닷물을 마시면 수분이 세포에서 빠져나간다는 거야? 보기엔 다 똑같은 물처럼 보이잖아."

그 말에 로시는 말문이 막혔어요. 뇌가 없는 허수아비에게 어떻게 설명해야 할지 몰랐거든요.

바닷물 바꾸기는 힘들어

"휴…… 바다에 저렇게 물이 많은데 쓰질 못하다니. 아깝다."

"어쩔 수 없지. 원래 지구에 해수가 차지하는 비율은 97% 정도고, 담수는 겨우 2.6%뿐이야. 우리가 먹을 수 있는 담수가 아주 적은 거지."

"지구라니?"

눈만 끔뻑이는 허수아비를 보고 로시는 아차 싶었어요.

 도로시의 **물 사랑 팁**

바닷물을 마시면 왜 안 될까요?

사람의 몸은 70%가 물로 이루어져 있고 염분 농도는 약 1% 정도라고 해요. 우리 몸은 이걸 늘 일정하게 유지하려는 성질이 있는데, 몸에 염분이 많이 들어오면 소변을 통해서 몸 밖으로 배출시킨답니다. 그런데 그때는 염분만 나오는 게 아니고, 원래부터 우리 몸 안에 있었던 물도 같이 나오게 돼요. 목이 마르다고 바닷물을 마시면 마신 바닷물 양보다 더 많은 물이 소변으로 나와요. 그래서 목이 계속 마른 거예요.

"아…… 내, 내가 살던 동네 이름이 지구야."

다행히 허수아비는 더 이상 캐묻지 않았어요.

"아, 암튼 담수가 적다 보니 지구 사람들은 해수를 담수로 바꿔서 사용하기도 하거든. 그걸 해수 담수화라고 해."

"아하! 그럼 나도 이 바닷물을 담수로 바꾸면 되겠네? 로시야, 너희 지구 마을 사람들은 어떻게 했어? 알려 줘!"

허수아비가 손뼉을 딱 치며 물었어요.

"몇 가지 방법이 있는데, 네가 하기는 힘들 것 같아."

"일단 알려 줘! 담수를 얻기 위해서라면 뭐든 할 테니까. 빨리빨리!"

허수아비가 졸라 댔어요. 결국 로시는 학교에서 배운 해수 담수화의 방법을 알려 주었죠.

"바닷물을 끓여서 증발시키면 돼. 그러면 염분은 남고, 물은 수증기가 돼. 이 수증기를 압축시키면 물이 되는 거야. 그런데 이 방법은 엄청난 양의 바닷물을 끓여야 하니까 힘이 많이 들고 돈도 아주 많이 필요해."

"난 돈이 없어. 혹시 다른 방법은 없어?"

"음, 또 한 가지 방법은 염분만 통과하고 물은 통과하지 못하는 막을 이용해서 염분을 걸러 내는 거야. 바닷물을 끓이는 것보다는 돈이 덜 들지만 이것도 아주 큰 공장을 지어야 가능해."

"또 다른 긴 없이?"

해수 담수화 기술, 바닷물을 담수로 만든다고?

물 부족이 심각해지자 사람들은 바다를 보며 모두 같은 생각을 했어요. '저 바닷물을 민물로 바꿀 수 있다면 물 부족 문제를 해결할 수 있지 않을까?' 그래서 바닷물에서 순수한 물만을 빼내는 기술을 연구하기 시작했어요. 그걸 해수 담수화 기술이라고 해요.

증발법은 가장 역사가 오래된 기술이에요. 바닷물을 증발시키면 염분은 남고 순수한 물만 수증기가 되어요. 그 수증기를 모아 다시 물로 만드는 기술이지요.

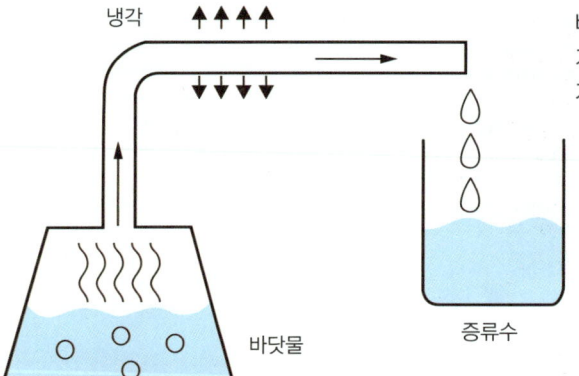

증발식 해수 담수화의 원리

바닷물을 끓여 생성된 수증기를 차게 식히면 염분이 제거된 물을 얻을 수 있다.

자료: 두산중공업

냉동법의 원리

냉동법은 바닷물을 영하의 온도로 얼리면 염분을 밀어내고 순수한 물끼리만 얼어붙는 걸 이용한 기술이에요. 바다가 얼어붙은 빙산이 담수인 것도 이런 원리 때문이에요.

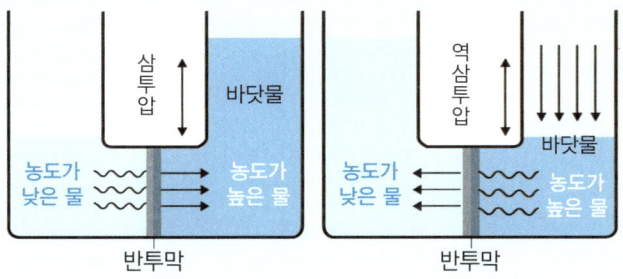

역삼투압 방식의 해수 담수화 원리

염분을 걸러 내는 반투막을 가운데 두고 양쪽에 담수와 바닷물을 각각 부으면 담수가 이동해 바닷물 쪽 높이가 올라가는 삼투 현상이 생긴다(왼쪽). 이후 바닷물 쪽에 압력을 가하면 반투막을 통과해 염분이 걸러진 담수의 양이 늘어난다.

자료: 두산중공업

역삼투막법은 최근에 개발된 방법이에요. 특수한 막에다 바닷물을 통과시켜요. 그럼 염분은 막에 걸리고 담수만 통과하게 되죠. 다른 방법에 비해 간편해서 현재 담수화 공장의 대부분이 역삼투막법을 이용해요.

가스 하이드레이트법은 지금 개발 중인 방법이에요. 이산화탄소를 이용해 바닷물 중에서 순수한 물 성분만 고체로 만들어요. 그리고 다시 그 고체를 녹여 순수한 물을 얻는 방식이에요. 쉽게 많은 물을 만들 수 있다는 장점이 있어요.

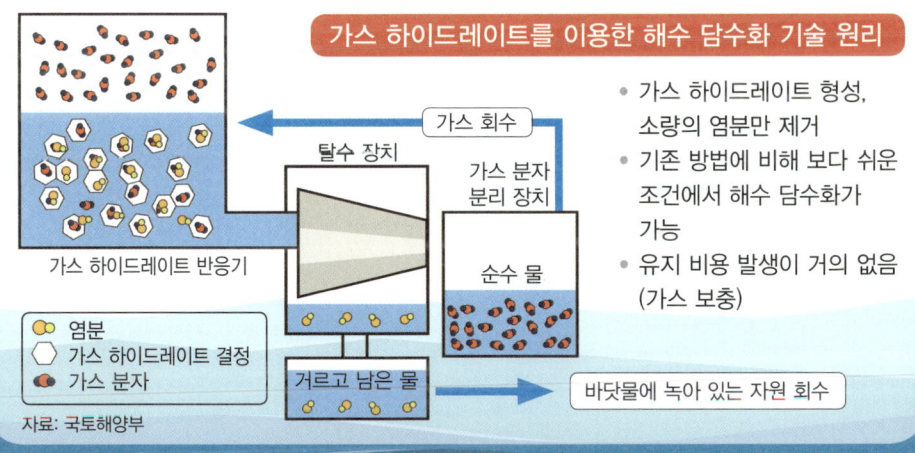

"바닷물을 얼려서 물을 얻는 방법도 있어. 바닷물은 얼음이 될 때 염분이 빠지거든. 순수한 물만 얼음이 되는 거지. 하지만 바닷물은 잘 얼지 않아서 일부러 얼리려면 돈과 많은 에너지가 필요해."

"이런……. 그럼 난 바닷물을 담수로 바꿀 수가 없겠구나. 정말 어쩌면 좋지?"

잔뜩 실망한 허수아비는 울상을 지었어요.

"넌 모르겠지만…… 사실 난 뇌가 없어. 머리에는 뇌 대신 지푸라기가 가득 채워져 있지. 그래서 나는 늘 뇌를 가지고 싶었어."

거기까진 로시가 알고 있는 동화 내용과 똑같았어요.

"하지만 지금은 소원이 바뀌었어. 물! 물을 구하는 거야. 물을 구해서 내 농작물들을 잘 키우고 싶어. 그런데 대체 어디서 물을 구하지?"

결국 허수아비는 쪼그려 앉아 어깨를 들썩거리며 울음을 터뜨렸어요. 로시가 달래 보았지만 허수아비의 울음은 그칠 줄 모르고 점점 커지기만 했답니다.

보다 못한 로시는 허수아비에게 자신의 임무를 이야기했어요.

"허수아비야, 난 사실 물을 구하러 가는 길이야. 오즈의 마법사에게 가면 물을 구할 수 있대. 나랑 함께 갈래?"

그 말을 듣자 허수아비는 언제 울었냐는 듯 순식간에 울음을 뚝 그치더니 벌떡 일어났어요.

"정말이야? 나도 갈래! 물을 구할 수 있다면 어디든 갈 거야!"

허수아비가 로시의 팔짱을 끼었어요. 로시는 싱긋 웃으며 걸음을 떼었어요. 함께 갈 수 있는 길동무가 생겨서 힘이 났답니다.

 삐걱삐걱 양철 나무꾼

"로시야, 얼마나 더 걸어야 돼?"

허수아비가 지쳤는지 느릿느릿 따라오며 물었어요.

"아직 반도 못 왔는걸. 벌써 지치면 안 돼."

로시도 많이 지쳤지만 허수아비를 다독였어요.

"혹시 날 따라온 걸 후회해?"

"아니! 그건 아니야. 바보처럼 먹지도 못하는 바닷물을 논에 들이붓고 있는 것보단 훨씬 나은걸!"

"그래. 그럼 조금만 더 힘내자."

"그런데 대체 언제쯤이면 도착해?"

"이 길을 쭉 따라가다 보면 에메랄드 시티가 나온대."

허수아비는 주먹을 불끈 쥐고 다다다 뛰어갔어요. 짚으로 만든 허수아비의 머리카락이 길가에 흩날릴 정도였죠. 로시는 결국 떨어진 짚을

도로시의 물 사랑 팁

지구에서 우리가 쓸 수 있는 물의 양은 얼마나 될까?

사람 몸의 70%가 물이라고 했죠? 그런데 신기하게도 지구도 표면의 70%가 물로 이루어져 있어요. 그런데 문제는 이 많은 물 중 대부분이 염분이 포함된 바닷물이라는 거예요.

지구의 물 중 97.4%는 염분을 포함한 물이라서 사용할 수 없어요. 그리고 2.6%의 담수 대부분이 남극과 북극에 얼어 있거나 땅 깊숙이 있어서 사용하기 힘들어요.

결국 우리가 사용할 수 있는 물은 전체 양 중에서 1% 정도예요. 지구 전체의 물로 보면 한 줌에 불과한 양이죠. 그래서 많은 국가에서 해수를 사용할 수 있는 '해수 담수화 기술'을 개발하고 있어요.

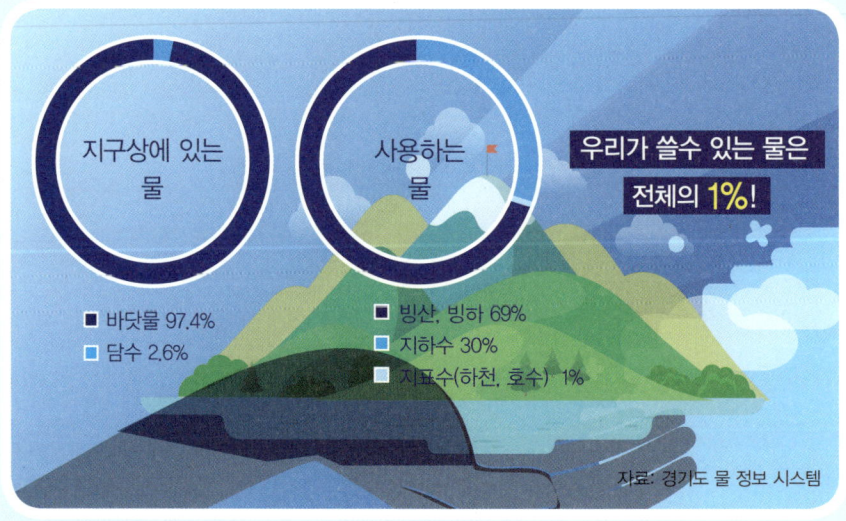

주우며 서둘러 따라갔어요. 혹시 허수아비가 홀쭉해지면 다시 짚을 채워 넣으려고요.

그런데 얼마 못 가 허수아비가 우뚝 섰어요. 허수아비는 로시에게 작은 목소리로 말했어요.

"로시야, 저기 누가 있어."

허수아비가 가리키는 쪽을 보니 그곳에는 도끼를 손에 든 나무꾼이 있었어요. 특이한 점이라면 온몸이 양철로 되어 있었다는 거예요.

"동화 속 양철 나무꾼이다!"

로시의 목소리에 양철 나무꾼이 고개를 돌려 로시를 바라보았어요.

"안녕, 난 로시라고 해."

로시가 먼저 인사를 건넸어요.

"와! 사람을 본 게 정말 얼마 만인지! 여기는 이제 사람들이 오지 않거든."

양철 나무꾼이 로시를 신기하게 쳐다보며 말했어요.

"왜 아무도 오지 않는데?"

허수아비의 말에 양철 나무꾼이 시무룩하게 대답했어요.

"여기는 이제 사막이 되어 버린 곳이거든."

그러고 보니 이곳에 있는 거라고는 모래와 바람뿐이었어요.

"사막화가 된 곳에서는 사람들이 살 수 없어. 물이 없으니까. 물이 없으면 식물도 자랄 수 없고, 식물이 없으면 동물도 살 수 없잖아. 그래서 모두 다른 곳으로 떠난 거야."

"어쩌다 이렇게 된 건데?"

"그건…… 나 때문이야."

양철 나무꾼이 고개를 푹 숙이자 삐거덕거리는 소리가 났어요.

"너 때문에 이렇게 됐다고? 왜? 네가 사람들이 마실 물을 몽땅 다 마셔 버리기라도 한 거야?"

허수아비가 놀라서 물었어요.

"설마. 양철 나무꾼한테는 물이 아니라 기름이 더 필요해 보이는데."

로시의 말대로 오랫동안 기름칠을 못 한 양철 나무꾼의 몸은 녹슬어 있었어요.

"네 말이 맞아, 로시. 난 물보다는 기름이 필요해. 내 옆에 기름통이 있어. 나에게 기름칠 좀 해 줄래?"

로시는 양철 나무꾼의 발밑에 놓인 기름통을 들어 양철 나무꾼의 관절에 뿌려 주었어요. 그러자 굳어 있던 양철 나무꾼의 몸이 조금씩 움직이기 시작했어요.

"아, 고마워. 이제 살 것 같네."

"이곳이 사막으로 변한 게 왜 너 때문이야?"

"나는 나무꾼이야. 산에 있는 나무들을 베어 필요한 사람들에게 가져

다 주었지. 그런데 사람들은 내가 더 많은 나무를 베어 주길 바라는 거야."

"왜? 더 큰 집을 짓고 싶어 했나?"

"아니, 땅이 필요했거든. 사람들이 많아지자 집을 짓고 농사를 지을 땅이 모자랐어. 그래서 사람들은 나무를 베어 내고 생기는 땅에 집을 짓고 농사를 지었어. 나는 계속 나무를 베어 내야 했고."

나무꾼의 이야기를 듣고 있던 허수아비가 고개를 갸우뚱거렸어요.

"정말 이상하네. 나무는 물을 먹고 자라잖아? 그럼 나무가 없으면 물이 더 많아져야 하는 거

아니야?"

"나무는 뿌리에 물을 저장해. 나무뿌리가 땅을 단단하게 붙잡고 땅이 물을 머금을 수 있도록 해 주지. 그래서 땅이 메마르지 않는 거야."

"로시 말이 맞아. 난 그것도 모르고 나무를 마구 베어 내고 숲을 훼손시켰어. 이 도끼로!"

양철 나무꾼은 들고 있던 도끼를 멀리 던져 버렸어요. 곧 모래바람이 불어와 도끼는 모래 속에 묻혀 사라져 버렸죠.

계속 돌고 도는 물, 바쁘다 바빠!

"나무나 숲이 사라지면 이렇게 사막처럼 변한다는 게 잘 이해가 되지 않는걸……. 나한테 뇌가 없어서인가 봐."

허수아비가 자기 머리를 손으로 콩 쥐어박았어요. 로시는 괜찮다며 차근차근 설명해 주었어요.

"숲이 자꾸 사라지면 땅이 햇빛을 반사하게 돼. 햇빛이 부족하면

땅의 온도가 낮아지는데, 그러면 공기가 아래로 내려가게 돼."

"공기가 아래로 내려가면 구름이 만들어지지 않아. 구름은 공기가 위로 올라가야 만들어지거든."

양철 나무꾼이 로시의 설명을 거들었답니다.

"아하! 그건 알겠어! 하늘에 구름이 잔뜩 껴야 비가 오잖아. 구름이 없으면 비가 안 오지."

허수아비는 아는 게 나오자, 신이 나 손가락을 딱 튕기며 대답했어요.

"비가 안 내리면 당연히 땅의 수분도 적어지고 물도 부족해지지."

로시가 빙그레 웃으면서 대꾸했어요.

"우와! 그렇게 이야기 들으니까 세상이 다르게 보여. 세상의 모든 게 다 연결되어 있는 것 같아. 신기해!"

허수아비는 몰랐던 지식을 알게 되어서인지 매우 뿌듯한 것 같았어요.

"참! 너희들은 여기 왜 온 거야?"

양철 나무꾼이 물었어요.

"우리는 물을 구하러 가는 길이야."

"물? 어디로 가면 물이 있는데?"

로시의 대답에 양철 나무꾼이 눈을 크게 뜨고 물었어요.

"위대한 오즈의 마법사에게 가면 물을 구할 수 있대."

허수아비는 누가 듣기라도 할까 봐 양철 나무꾼의 귀에 대고 소곤거렸어요. 주위에는 셋밖에 없었는데도 말이에요.

"나도 너희들과 함께 가면 안 될까?"

양철 나무꾼이 조심스레 물었어요.

"네가? 넌 기름만 있으면 되잖아."

"원래 내 소원은 마음을 갖는 거였어. 마음이 없어서 나무가 아파하는지도 모르고 마구 베어 버렸다는 생각이 들었거든. 그런데 이젠 바뀌었어. 물을 얻어서 사막이 된 이 땅을 촉촉하게 만들고 싶어. 다시 나무도 심어 키우고 말이야. 그럼 떠났던 사람들이 돌아오지 않을까? 이제 외톨이로 있는 건 너무 싫거든."

로시는 양철 나무꾼의 간절한 마음이 느껴졌어요. 그래서 흔쾌히 승낙했답니다.

기후 변화와 물 부족은 어떤 관계일까?

무분별한 개발 때문에 생긴 환경 파괴는 지구에도 영향을 끼쳤어요. 지구의 온도가 점점 오르는 지구 온난화가 대표적인 변화죠. 이러한 기후 변화는 물 부족에 어떤 영향을 끼칠까요?

지구의 물은 순환을 통해 이동해요. 바닷물이 태양열 때문에 증발하여 하늘로 올라가 구름이 되고, 그 구름이 무거워지면 비와 눈으로 다시 땅으로 내리죠. 그 물들은 강으로 모여 다시 바다로 흘러가요. 지구가 뜨거워지면 이런 물의 순환이 어긋나 버려요. 그래서 멀쩡하던 지역에 가뭄이 이어져 물 부족 현상이 심해지기도 해요. 또 반대로 갑자기 폭우가 쏟아져 홍수 피해를 입기도 하죠. 홍수가 나면 깨끗한 물과 더러운 물이 섞여서 모든 물이 못 쓰게 되어 버려요. 그래서 물이 많아도 물 부족을 겪는 거예요.

엘니뇨와 라니냐 현상이 물 부족을 일으킬까?

지구 온난화로 인해 생겨난 대표적인 현상이 엘니뇨와 라니냐예요.
엘니뇨는 적도 지역의 동태평양 바닷물의 온도가 평소보다 높아지는 현상을 말해요. 그렇게 되면 물의 순환에 문제가 생기며 서태평양 지역에는 가뭄이 찾아오고, 동태평양 지역에는 홍수와 폭우가 일어나요.
라니냐는 엘니뇨와 반대로 동태평양 바닷물의 온도가 평소보다 낮아지는 현상을 말해요. 역시 물의 순환에 문제가 생겨 서태평양 지역에 폭우와 홍수가 일어나고, 동태평양 지역은 가뭄이 찾아오죠.
엘리뇨와 라니냐는 서로 정반대의 성질을 가지고 있어요. 하지만 공통점이 있죠. 모두 물 부족을 일으키는 중요한 원인이라는 거예요.

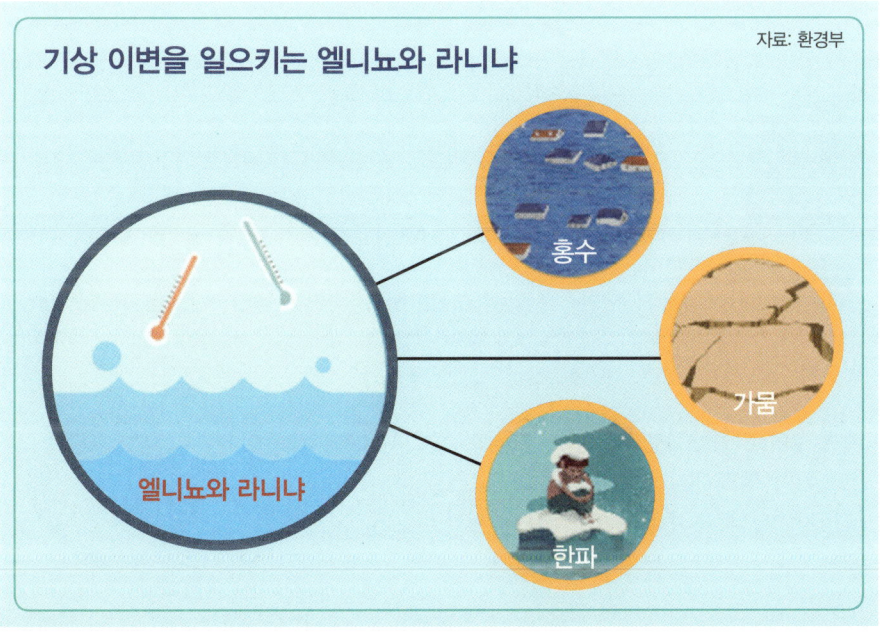

해수 담수화 기술, 얼마나 알고 있니?

도로시와 친구들이 해수 담수화 기술을 보고 신기해 하고 있어요.
설명을 듣고 어떤 해수 담수화 기술을 본 건지 맞혀 보세요.

와, 이것 봐! 바닷물을 얼렸다 다시 녹이니까 염분이 아래로 가라앉아서 위에 있는 얼음은 짜지 않아. 이걸 녹이면 마실 수 있겠어!

바닷물이 특수한 막을 통과하고 나니까 마실 수 있는 물이 됐어. 이 막만 가져가면 논에 물을 줄 수 있을 거야!

앗, 뜨거워! 여긴 바닷물을 끓이고 있어. 그러니까 바닥엔 소금이 남고 위로는 수증기가 떠오르네. 저 수증기를 모아서 물을 만드는 거구나.

이게 뭐지? 이산화탄소를 이용하니까 얼리지 않아도 물이 얼음처럼 딱딱해지네? 그러고 나서 그걸 다시 녹이니까 마실 수 있는 물이 돼. 엄청 신기한데!

정답: 도로시 - 냉동법, 허수아비 - 역삼투압법, 나무꾼 - 증발법, 사자 - 가스 하이드레이트법

사자를 만난 로시

 배고픈 사자

"로시야, 왜 아무 말도 없어?"
허수아비가 조심스레 물었어요.
"힘들어서 그래. 너무 목말라."
로시는 겨우 목소리를 쥐어 짜내 대답했어요.
"안 되겠어. 로시야, 우리 조금만 쉬었다 가자."
양철 나무꾼의 말에 로시는 고개를 끄덕였어요. 쉴 만한 그늘이 없어서 햇빛이 쨍쨍한 땅바닥에 앉을 수밖에 없었지요. 풀 한 포기 보이지 않고 흙만 있는 걸로 봐서 이곳도 메마른 지역인 것 같았어요.
"휴, 이곳에서도 물을 마시긴 틀린 것 같네."

그때 로시 앞으로 무언가 어슬렁어슬렁 다가오는 게 보였어요.

"어? 저게 뭐지?"

허수아비도 다가오는 무언가를 보았는지 바짝 긴장했어요. 셋 중 눈이 가장 좋은 양철 나무꾼이 놀라 소리쳤어요!

"사자야! 사자가 오고 있어!"

로시는 재빨리 일어나 도망을 치려고 했지만 너무 힘든 나머지 다시 털썩 주저앉았어요. 그사이 사자는 로시의 코앞까지 다가왔답니다.

그때 양철 나무꾼이 로시를 지키려는 듯 앞으로 쓱 나섰어요.

"로시야, 내가 막을 테니까 그동안 빨리 도망쳐!"

"나무꾼아, 위험해!"

"괜찮아. 내 몸은 양철이니까 저 사자 녀석의 이빨이 아무리 날카로워도 날 어쩌지 못할 거야."

"그, 그래. 나도 함께 싸울게. 내가 알기로 사자는 채식을 하지 않잖아. 그치?"

로시는 양철 나무꾼과 허수아비가 자기를 지켜 주려고 하는 모습에 감동 받았어요. 하지만 만약 사자가 앞발로 세게 내려친다면, 양철 나무꾼의 몸은 푹 찌그러질 테고, 사자가 날카로운 이빨로 물어뜯으면 허수아비는 그대로 두 동강이 날지도 몰라요.

그때 사자가 으르렁거리며 말했어요.

"너희들은 누군데 내 집 주위에 있는 거지?"
로시는 겁먹은 목소리로 말했어요.
"나, 나는…… 로, 로시야."

"로시라고? 뭐든 상관없어. 난 지금 배가 고프니까."
사자가 한 발짝 더 다가왔어요.
"로시를 건드리면 가만두지 않을 거야!"

양철 나무꾼이 소리쳤어요. 이럴 때 무기라도 있으면 좋을 텐데. 괜히 도끼를 버렸나 봐요.

"무슨 소리야? 배가 고프니까 먹을 걸 달라는 건데?"

"그 말이 그 말이잖아. 사자는…… 사람을 잡아먹잖아!"

허수아비의 말에 사자는 억울한 표정을 지었어요.

"무슨 소리야! 난 절대 사람을 해치지 않아. 너 같은 짚더미 인형도, 그리고 고물 덩어리한테도 관심 없고 말이야."

"난 고물 덩어리가 아니야!"

"난 인형이 아니야! 허수아비라고!"

양철 나무꾼과 허수아비가 동시에 소리쳤어요.

그제야 로시는 안도의 한숨을 쉬었어요. 동화책에서 봤던 겁쟁이 사자가 맞는 것 같았거든요.

로시는 씩씩거리는 양철 나무꾼과 허수아비 사이를 비집고 얼굴을 내밀었어요.

"사자야, 미안! 우리도 먹을 게 없어."

"그럼 어쩔 수 없지."

"너 혹시 물이 있는 곳을 아니?"

"아니, 몰라. 원래 저쪽에 큰 강이 흐르고 있었는데, 메말라 버렸어."

로시는 입안이 바짝 말라 타들어 가는 것 같았어요. 몹시 어지럽고 정신이 흐릿해졌지요. 눈꺼풀이 자꾸만 감겨 왔답니다.

"로시야, 로시야! 정신 차려!"

양철 나무꾼과 허수아비의 목소리가 멀리서 나는 소리처럼 아득하게 들렸어요. 그때였어요.

🌸 눈을 떠요, 도로시.

로시의 눈에 물컵을 든 물의 요정이 보이는 게 아니겠어요?

'아아, 물을 너무 마시고 싶어서 꿈을 꾸는 건가?'

로시는 얼른 손을 뻗어 물컵을 받았어요. 손에 시원함이 느껴지는 게 진짜 물 같았죠.

'물, 물이다! 이건 진짜 물이야!'

로시는 꿀꺽꿀꺽 물을 마셨어요. 물에서 꿀맛이 나는 것 같았어요. 물을 마시고 기운이 난 로시는 이제야 주변 상황이 눈에 들어왔어요.

"아아, 요정님……. 꿈이 아니었네요. 저에게 물을 주러 오신 거군요. 정말 고마워요."

🌸 아뇨, 이 물은 제가 주는 것이 아니에요.

"네? 그럼요?"

🌸 오즈에 와서 처음 만났던 소년을 기억하시죠? 그 소년이 도로시 님에게 이 물을 전해 달라고 했어요. 에메랄드 시티로 가는 도중에 도움이 되길 바란다면서요.

로시는 소년을 위해서라도 빨리 에메랄드 시티에 가야겠다고 마음먹었답니다.

보이지 않는 물의 존재

로시는 몸을 일으키려고 했지만, 쉽게 일어날 수가 없었어요.

조금만 더 쉬어요, 로시. 지금은 탈수 증세 때문에 힘들 테니까요.

물의 요정이 원을 그리자 나뭇잎을 쌓아서 만든 베개가 나타났어요. 로시는 나뭇잎 베개를 베고 누웠어요. 로시가 편안해 하는 모습을 보자 허수아비와 양철 나무꾼도 눈치를 보며 다가왔어요.

"인사해, 얘들아. 물의 요정님이셔."

로시가 누운 채로 양철 나무꾼과 허수아비에게 말했어요.

"안녕하세요, 물의 요정님. 전 양철 나무꾼이에요."

"물의 요정님, 로시를 구해 주셔서 고맙습니다."

물의 요정은 로시 친구들과 반갑게 인사를 주고받았답니다. 그런데 사자는 몇 걸음 떨어진 곳에서 로시 일행을 바라보기만 할 뿐이었어요.

로시는 사자를 보며 손짓을 했어요.

"이리로 와. 왜 혼자 떨어져 있어?"

 도로시의 물 사랑 팁

물이 없으면 생기는 몸의 변화

사람은 음식을 먹지 않고도 10일 정도는 버틸 수 있어요. 하지만 3일 이상 물을 마시지 못하면 목숨을 잃을 수 있어요. 물이 부족하면 몸은 여러 경고 신호를 보내요. 몸에서 물이 12% 이상 부족하면, 생명이 위험할 수도 있어요.

- **피부**　수분이 빠져나가며 건조해지고 거칠어져요.
- **입**　　입안이 마르면서 박테리아가 생기고 입 냄새가 심해지죠.
- **눈**　　건조해지면서 가려움과 따가움을 느껴요.
- **근육**　심한 아픔을 느껴요.
- **체온**　땀이 나지 않아 몸을 식힐 수 없어 열이 나요.
- **혈액**　혈액의 양이 부족해지며 어지러워지고 심작 박동이 빨라져요.
- **머리**　심한 두통이 생기고 정신을 잃을 수도 있어요.

물 부족과 생명

부족량	증상
1~2%	갈증, 불쾌감, 식욕 감소
3~4%	신체 능력 감소, 구토감, 무력감
5~6%	체온 조절 능력 상실, 맥박 불안, 호흡 증가, 정신 집중 장애
8%	현기증, 혼돈, 극심한 무력감
10~12%	열사병 상태, 사망 위험

"난 아직 로시 네 친구가 아니니까……."

사자가 쭈뼛대며 말끝을 흐렸어요.

도로시 님은 지금 친구들과 함께 물을 구하기 위해 에메랄드 시티로 가고 있는 중이에요. 사자도 함께 갈래요?

"먹잇감이 아니라 물을 구하러 간다고요? 싫어요. 안 갈 거예요. 배가 고파서 움직일 힘도 없는걸요."

사자가 심드렁하게 대꾸하며 고개를 돌렸어요.

지금 사자가 배고픈 건 이곳에 물이 없어서예요.

"전 물이 아니라 먹잇감이 없어서 배가 고픈 건데요."

사자가 어리둥절한 표정으로 대꾸했어요.

그럼 하나 물어볼게요. 사자는 뭘 먹죠?

"어…… 노루나 물소, 영양 같은 초식 동물을 먹어요."

그럼 그 초식 동물들은 뭘 먹죠?

"그야 풀을 먹겠죠?"

그런데 초식 동물의 먹이인 풀들은 물이 있어야 자랄 수 있어요. 그러니 이곳에 사자의 먹잇감이 나타날 리가 없겠지요.

"아…… 그게 그렇게 되는 건가요?"

사자는 생각에 잠겼어요.

"맞아. 내가 살던 곳도 숲이 사라지니 동물들이 떠나갔고, 그다음으로는 사람들이 떠나갔어. 그리고 결국 모든 게 사라져 버렸지."

양철 나무꾼은 옛날 생각이 났는지 처진 목소리로 말했어요.

그리고 한 가지 놀라운 사실을 알려 줄게요. 당신은 살아오면서 지금까지 아주 많은 양의 물을 써 왔어요. 그걸 알고 있나요?

"물의 요정님, 사자는 저처럼 샤워를 하거나 옷을 빨아 입지 않잖아요. 그런데 사자가 아주 많은 물을 썼다는 게 무슨 뜻이죠?"

사자가 아닌 로시가 질문했어요.

사자가 쓴 물은 우리 눈에는 보이지 않는 물이에요. 이 보이지 않는 물의 이름을 가상수라고 해요. 가상수는 어떤 것이 생산될 때 사용하는 물의 양을 말해요.

"눈에 보이지 않는 물을 어떻게 썼다는 거지? 으…… 난 또 이해가 안 돼."

허수아비는 머리를 절레절레 흔들었어요.

작은 사과로 예를 들어 볼까요? 사과 한 개의 가상수는 70ℓ 정도예요. 먼저 로시가 사과를 사 먹으려면 가게에 갈 거예요. 그런데 가게에 있는 사과는 갑자기 하늘에서 뚝 떨어진 게 아니잖아요. 농부가 과수원에서 사과를 키워야 하지요. 그렇게 키운 사과를 포장해서 가게에 파는 거고요. 이렇게 사과가 열려서 로시의 손에 들어오기까지, 모든 과정에 필요한 물이 70ℓ라는 거예요. 이해가 되나요?

"아하! 그럼 사자는 초식 동물이 먹잇감이니까 사자가 사용한 가상수는…… 풀이 자라는 데 필요한 물과 그 풀을 먹고 자라는 초식 동물이 필요한 물을 모두 합친 거네요. 와! 그럼 사자가 사는 데 필요한 가상수는 정말 엄청 많겠는데요?"

로시의 목소리가 자기도 모르게 커졌어요.

로시, 햄버거 좋아해요? 초콜릿은요?

"당연히 둘 다 엄청 좋아하죠!"

로시는 먹음직스러운 햄버거와 달콤한 초콜릿 생각을 하니 군침이 돌았어요.

초콜릿 50g을 만드는 데 필요한 가상수는 860ℓ 라고 해요. 햄버거 한 개를 만드는 데 필요한 가상수는 2400ℓ 고요.

"헉! 그, 그렇게나 많은 물이 필요해요?"

로시는 입이 쩍 벌어졌어요.

그뿐만이 아니에요. 스케치북 한 장을 만드는 데는 물 20ℓ 가 필요해요. 지금 로시가 입은 면 티셔츠와 청바지를 만드는 데에도 물이 아주 많이 필요하지요. 티셔츠 한 장은 4000ℓ, 청바지 한 벌은 11000ℓ 의 물이 필요하답니다.

"스케치북 한 개가 아니라 겨우 한 장인데도 물이 그만큼이나 필요하다고요? 이 옷도요? 그럼 지금까지 제가 쓴 가상수는 정말 어마어마하

겠네요!"

🌸 맞아요. 한 사람이 하루에 먹고 마시는 것에만 욕조 15개를 채울 만큼의 물이 필요해요.

로시는 정말 깜짝 놀랐어요. 눈에 보이는 물과는 비교도 안 될 정도로 보이지 않는 물을 많이 쓰고 있었으니까요.

🏠 물에도 발자국이 있다고?

🌸 가상수 말고도 여러분들이 알아야 할 게 또 한 가지 있어요. 바로 물 발자국이라는 거예요.

"에이, 말도 안 돼요. 물에는 팔다리가 없는걸요?"

허수아비는 물의 요정이 하는 말이 이상하다고 생각했는지 피식 웃었어요.

"맞아요. 물은 그냥 주르륵 흐르기만 하는데 어떻게 걸어서 발자국을 내죠?"

양철 나무꾼도 허수아비의 말을 거들었어요.

🌸 가상수는 어떤 제품이 생산될 때까지 사용하는 물을 말하는 거잖아요. 물 발자국은 어떤 제품을 생산해서 쓰고 버릴 때까지 사용하는 물의 양을 말

도로시의 물 사랑 팁

햄버거나 아보카도가 환경을 파괴한다고?

고소한 향과 맛을 자랑하는 아보카도. 그런데 이 아보카도 열매 하나를 키우는 데는 320ℓ의 물이 사용된다고 해요. 토마토는 5ℓ, 오렌지는 22ℓ가 필요하다고 하죠. 아보카도에는 또 다른 문제가 있어요. 아보카도를 가장 많이 재배하는 멕시코에서는 아보카도를 심기 위해 한 해에 약 6.9㎢ 너비의 숲을 파괴하고 있다고 해요. 여의도의 두 배가 넘는 크기죠. 그럼 우리가 좋아하는 햄버거는 어떨까요? 햄버거 패티 한 장을 만들려면 무려 2500ℓ의 물이 사용된다고 해요. 소고기 1㎏을 생산하려면 20000ℓ 이상의 물이 필요하대요. 갑자기 햄버거나 아보카도를 먹지 말자는 이야기는 아니에요. 우리가 맛있게 먹는 음식에 물 부족 문제가 숨어 있다는 걸 잊지 말자는 것이죠.

해요. 가상수에 우리가 실제로 쓴 물의 양을 더하면 물 발자국이 되는 거예요. 가상수가 어떻게 사용되고, 어디로 가는지, 가상수의 이동을 알아보는 거라서 물 발자국이라고 부르는 것이랍니다.

순간 로시는 하루 동안에 자신의 물 발자국이 얼마나 될지 궁금해졌어요.

"집에 돌아가면 저의 물 발자국을 꼭 계산해 봐야겠어요."

🌸 그러면 물을 아껴야겠다는 생각이 마구 솟아오를 거예요.

"아휴, 말도 마세요. 물을 아껴야겠다는 생각은 지금도 계속하고 있는걸요!"

로시가 손을 휘휘 저으며 대답했어요. 로시의 반응에 물의 요정이 웃음을 터뜨렸어요. 그때였어요. 조용히 있던 사자가 갑자기 어흥! 크게 소리를 내었답니다.

"물의 요정님, 저 마음이 바뀌었어요! 로시와 함께 물을 구하러 갈래요. 여기서 가만히 먹잇감이 나타나기를 기다리고 있는 것보다는 훨씬 나을 것 같아요. 다들 사자라면 무서운 게 없고 용감할 거라고 생각하지만…… 전 사실 겁쟁이 사자였거든요. 그래서 다른 동물들이 떠난 지금도 여기에 머무르고 있었던 거예요. 하지만 이제 용기를 내서 떠날 거예요. 용감한 사자가 되고 싶어요!"

🌸 참 좋은 생각이에요. 로시와 함께 물을 구해 오면 사자의 배고픔도 사라지

게 될 거예요.

물의 요정이 칭찬의 뜻으로 사자의 머리를 부드럽게 쓰다듬었어요.

　로시, 일어날 수 있겠어요?

로시는 천천히 일어나 보았어요. 다행히 아까만큼 어지럽지는 않았어요. 한 컵의 물이 큰 도움이 되었나 봐요.

　로시, 힘들고 위험한 일이 또 있을 거예요. 하지만 안타깝게도 난 더 이상 로시를 도와줄 수가 없어요.

물의 요정이 걱정스러운 눈으로 로시를 바라보았어요.

"괜찮아요. 제 곁에는 허수아비, 양철 나무꾼, 그리고 사자까지 친구가 세 명이나 있는걸요."

로시의 대답에 사자가 기분 좋은지 또 한 번 크게 어흥! 소리를 냈어요.

　로시, 힘내요! 무사하기를 빌게요!

물의 요정은 인사와 함께 작은 물방울이 되어 사라졌답니다.

토론왕 되기!

물 발자국이 뭘까?

가상수는 어떤 제품(농산물을 포함)이 만들어지는 데 사용한 물을 말해요. 물 발자국은 제품을 만들어서 사용하고 버릴 때까지 모든 과정에서 쓰이고 오염되는 물을 모두 합한 양을 말하고요. 당연히 가상수보다 더 많은 양이죠.

예를 들어 볼까요? 맛있는 피자 한 판을 만들기 위해선 얼마나 많은 물이 필요할까요? 피자의 재료인 밀가루를 만들기 위해서는 먼저 밀이 필요해요. 밀 농사를 지을 때는 당연히 물이 필요하죠. 그리고 그 밀을 수확해서 빻아서 밀가루로 만드는 데도 물이 필요해요. 피자에 꼭 필요한 치즈를 만들기 위해서는 우유가 필요하고, 그 우유를 얻기 위해서 젖소를 키우죠. 그리고 젖소에겐 당연히 물이 필요해요. 피자 위에 올라가는 다른 재료들 역시 모두 이런 과정을 거쳐요. 뿐만 아니라 피자 가게에서 피자를 만드는 데에도 물이 필요해요. 피자를 담을 피자 박스를 생산할 때에도 물이 필요하고요. 그 피자를 집에 배달해 주는 배달원이 사용하는 가상수도 계산에 넣어야 해요. 이렇게 모든 계산을 하고 나면 피자 한 판을 만드는 데 무려 1259ℓ의 물이 들어간다고 해요. 정말 놀랍죠?

물 발자국을 계산하는 건 복잡한 일이에요. 인터넷을 검색해 보면 '물 발자국 계산기'가 나올 거예요. 그 계산기를 가지고 자기가 하루 동안 소비한 물 발자국의 양을 계산해 보세요.

직접 자신의 물 발자국을 눈으로 확인하고, 어떻게 하면 물 발자국을 줄일 수 있을지 생각해 보아요.

제품별 물 발자국 현황

- 차 (250㎖): 27 ℓ
- 맥주 (250㎖): 74 ℓ
- 커피 (125㎖): 132 ℓ
- 계란 (60g): 196 ℓ
- 우유 (250㎖): 255 ℓ
- 사과 (1kg): 822 ℓ
- 피자 (1판): 1259 ℓ
- 쌀 (1kg): 2497 ℓ
- 닭고기 (1kg): 4325 ℓ
- 돼지고기 (1kg): 5988 ℓ
- 소고기 (1kg): 15415 ℓ
- 소가죽 (1kg): 17093 ℓ
- 초콜릿 (1kg): 17196 ℓ

물 발자국 (water footprint)
제품의 원료 취득, 제조, 유통, 사용, 폐기 전 과정에서 사용되는 물의 총 사용량을 말한다.

자료 : 물발자국네트워크(WFN)

도로시를 구하라!

큰일이에요! 도로시가 탈수 증세를 보이고 있어요. 어떤 증상인지를 살펴보고, 몸의 수분이 얼마나 부족한지 확인해요. 그리고 도로시에게 어서 물을 전해 줘요!

갈증, 불쾌감
식욕 감소
①

신체 능력 감소
구토감, 무력감
②

체온 조절 능력 상실,
맥박 불안, 호흡 증가,
정신 집중 장애
③

현기증, 혼돈
극심한 무력감
④

열사병 상태
사망 위험
⑤

휴, 고마워.
물을 마시고
나니 이제
살 거 같아.

1. 1~2% 2. 3~4% 3. 5~6% 4. 8% 5. 10~12%

오즈를 만난 도로시

무서운 에메랄드 시티

"로시야, 아직 멀었어?"

사자가 모기 소리만 한 목소리로 물었어요. 출발할 때 우렁찬 목소리는 온데간데없었지요. 로시는 끄응, 한숨을 내쉬었어요.

"너 그 말, 한 번만 더 물어보면 백 번일 것 같은데."

"내가 그렇게 많이 물어봤나? 미안. 너무 힘들어서……."

"알아. 이제 정말 거의 다 왔으니까 조금만 더 힘내."

로시가 사자를 손으로 툭 치며 앞으로 밀었어요.

사자는 다시 돌덩이를 매단 것처럼 무거운 다리를 움직였어요.

그때 언덕을 앞서가던 허수아비와 양철 나무꾼이 언덕 정상에서 걸음을 멈추더니 소리쳤어요.

"와! 에메랄드 시티다!"

로시는 서둘러 뛰어갔어요. 사자도 쉭쉭 콧김을 뿜으며 따라왔죠. 언덕 정상에 오르자 에메랄드 시티의 모습이 한눈에 들어왔어요. 이름대로 온 도시의 건물들이 에메랄드 색으로 빛나고 있었죠.

"분명 에메랄드 시티에는 물이 많겠지? 가자마자 시원한 물을 잔뜩 마셔야겠어. 욕조에 따뜻한 물을 가득 받아서 목욕도 해야지. 더러워진 이 옷도 깨끗하게 빨 거야!"

로시와 친구들은 열심히 언덕을 내려갔어요. 그리고 드디어 에메랄드 시티의 입구에 도착했죠.

"와, 저것 봐!"

로시가 물이 콸콸 쏟아지는 분수를 가리켰어요.

"분수가 있다니! 역시 에메랄드 시티에는 물이 많구나!"

"어디 시원하게 목 좀 축여 볼까?"

사자가 물이 흐르는 분수에 앞발을 뻗으려고 할 때였어요.

"안 돼!"

사자가 흠칫 놀라며 분수에서 물러났어요. 로시가 뒤돌아보니 한 소녀가 서 있었답니다. 로시 또래로 보이는 소녀였어요.

"얼른 그 분수에서 멀리 떨어져. 빨리!"

로시와 친구들은 얼떨결에 분수에서 떨어졌어요.

"애들아, 혹시 저 분수 물이 너희 몸에 튀었니?"

소녀가 어두운 표정으로 물었어요.

"아, 아니…… 괜찮은데."

로시의 대답에 소녀는 깊은 안도의 한숨을 내쉬었답니다.

"왜 그러는데?"

로시가 소녀의 눈치를 살피며 조심스럽게 물었어요.

"저 물을 마시면 안 돼."

"왜? 우리가 물 마시는 게 아까워서 그러는 거야?"

로시는 갑자기 서운한 마음이 들었어요.

"아니야. 저 분수 물은 마실 수 없어. 왜냐하면 물이 오염됐거든."

소녀가 거짓말하는 것 같진 않았어요.

"저 물을 만지면 피부병에 걸릴 거야. 마시는 건 더 위험해. 콜레라에 걸릴 테니까."

"콜레라? 콜라 동생인가? 저 물을 마시면 콜라처럼 얼굴이 까매져?"

허수아비가 고개를 갸우뚱거리며 물었어요.

"콜레라를 몰라? 지금 에메랄드 시티 전체에 퍼져 있는 전염병이야."

"으악! 전염병?"

소녀의 말에 허수아비가 펄쩍 뛰며 자기 몸을 마구 털어 댔어요. 허수아비의 몸에서 지푸라기들이 우수수 떨어졌답니다.

"그럴 필요 없어. 콜레라는 공기로 감염되지 않거든. 콜레라는 오염된 물을 마실 때 걸리는 병이야. 콜레라균에 오염된 물에서 잡은 생선이나 해산물들을 날것으로 먹었을 때에도 걸릴 수 있지. 물 때문에 걸리는 병이라서 수인성 전염병이라고 해."

소녀의 말을 들은 로시는 눈물이 날 것만 같았어요. 물을 찾아 그 먼

도로시의 물 사랑 팁

물 부족으로 고통 받는 도시들

남아프리카 공화국의 수도 케이프타운은 2015년부터 지구 온난화로 인한 심한 가뭄에 시달려 왔어요. 2018년이 되자 케이프타운에서 주민 한 명이 하루에 쓸 수 있는 물은 고작 50ℓ로 제한되었어요. 우리나라 사람들이 쓰는 물 양의 1/6밖에 안 되는 양이었죠. 심지어 이대로 가뭄이 계속되다간 도시에 물을 공급하는 상수도를 멈출 수도 있다는 이야기가 나왔어요.

케이프타운 외에도 브라질의 상파울루, 인도의 벵갈루루, 중국의 베이징 등 여러 도시들이 물 부족 위기를 겪고 있다고 해요.

우리나라는 물 부족 국가로 지정된 것은 아니지만, 2019년 유엔 보고서에서 우리나라를 물 스트레스 국가로 분류했어요. 물 스트레스 지수는 전체 담수 수자원 중에서 어느 정도 끌어 쓰느냐 하는 비율에 환경 유지 용수 부분을 고려한 거예요. 우리나라 물 스트레스 지수는 57.6%로 산출되었지요. 국토 면적이 좁고 인구 밀도가 높으면서 여름에만 강수량이 집중되는 경향이 있어 이용 가능한 수자원이 부족해지기 때문에 지수가 점점 올라가는 경향을 보이고 있어요.

길을 걸어왔는데, 에메랄드 시티의 물이 모두 오염됐다니!

"그럼 에메랄드 시티도 물이 부족한 거야?"

로시의 물음에 소녀가 고개를 끄덕였어요.

'말도 안 돼! 지금까지 에메랄드 시티에만 도착하면 된다는 생각으로 힘든 일들을 다 견뎠는데. 이제 어쩌지?'

로시는 눈앞이 캄캄해졌어요.

물이 아프면 우리 몸도 아파요

"너 혹시 오즈의 마법사 님이 어디 있는지 아니?"

로시의 물음에 소녀는 의아한 표정을 지었어요.

"당연히 알지. 날 따라와. 나도 마법사 님께 가는 길이거든."

소녀가 한 걸음 앞서 걸어가며 로시에게 물었어요.

"그런데 넌 마법사 님을 왜 만나려고 하는 거야?"

"마법사 님이 물을 만들 수 있다는 이야기를 들었거든. 그래서 물을 받으려고."

"나도 병원에 콜레라 환자들이 쓸 물이 부족해서 받으러 가는 거야."

"잘됐다! 그럼 나도 마법사 님한테 물을 무사히 얻어 낼 수 있겠네."

로시는 모처럼 반가운 이야기에 발걸음이 가벼워졌어요. 그때였어요.

"으윽! 이게 무슨 냄새야!"

사자가 코를 벌름거리며 몸서리쳤어요. 로시도 코를 막았어요. 숨 쉬기 힘들 정도로 고약한 냄새가 풍겨온 거예요. 하지만 소녀는 이 냄새에 익숙한지, 코를 막지도 않고 얼굴을 찡그리지도 않았어요.

"여기 있는 동안은 이런 냄새에 익숙해져야 할 거야. 저길 봐."

소녀가 가리킨 곳을 보니 거리마다 사람들이 구토를 한 흔적이 보였어요. 설사를 한 흔적도 있었죠. 깨끗한 곳이 별로 없어 발을 내딛기가 힘들 정도였어요.

"콜레라에 걸려서 그런 거구나. 콜레라에 걸리면 구토와 설사를 계속하니까."

콜레라는 원래 인도 지역에서 생긴 병이었지만 유럽 사람들에게 전염되면서 세계적으로 퍼져 나갔어요. 콜레라 때문에 많은 유럽 사람들이 목숨을 잃었고 유럽에서 다시 아시아로 퍼졌답니다.

지금은 약이 있어서 콜레라 치료가 가능하지만, 그때는 병의 원인이나 치료법을 몰라서 수많은 사람들이 희생되었어요.

로시의 표정을 본 소녀가 질문을 던졌어요.

"너 콜레라에 대해서 잘 아는 거 같은데. 그럼 오염된 물 때문에 일어나는 다른 전염병도 있는 걸 아니?"

"음…… 장티푸스?"

로시가 잠시 생각을 해 보고는 대답했어요.

"맞아. 수인성 전염병에는 콜레라 말고도 장티푸스, 세균성 이질, 기생충성 질환, A형 간염, 세균성 피부염이 있어."

도로시의 물 사랑 팁

왜 중국인들은 차를 좋아할까?

중국을 '차의 나라'라고 해요. 아침부터 저녁까지 물 대신 차를 마실 정도로 차를 좋아하거든요. 그런데 중국에서 차가 발달한 이유가 사실 기름기가 많은 식생활 습관 탓도 있지만 물을 그냥 마실 수 없기 때문이라는 얘기도 있어요.

중국은 석회암이 많아요. 그래서 중국의 물에는 석회 성분이 많이 포함되어 있어요. 석회가 든 물을 그냥 마시면 병에 걸리기 쉬워요. 그럴 때 찻잎을 넣어 차로 끓여 마시면 석회 성분이 자연적으로 걸러진다고 해요.

사실 세균은 열에 약하기 때문에 여름철에는 물을 끓여 마시는 게 좋아요. 물을 끓여 마시는 것만으로도 장티푸스나 세균성 이질, 콜레라 같은 수인성 전염병을 예방할 수 있죠. 하지만 너무 오염된 물은 끓여도 소용없으니 조심하세요!

"와, 넌 그걸 어떻게 알아?"

"에메랄드 시티 물이 콜레라균 말고 다른 세균에도 오염이 된 건 아닐까 걱정이 되어서, 오염된 물 때문에 걸릴 수 있는 전염병과 증상들을 공부했거든."

소녀는 슬픈 표정을 지었어요.

 마법사의 정체를 밝혀라

"여기야. 마법사 님이 계신 곳."

소녀가 걸음을 멈추고 말했어요. 눈앞에 온통 에메랄드 색으로 칠해진 커다란 성이 있었어요. 로시와 친구들은 소녀를 따라 성 안으로 들어갔어요. 기다란 복도를 통과하자 드넓은 공간이 나타났어요. 그곳에는 아무도 없었어요. 활활 타오르는 횃불이 어둠을 밝히고 있었지요.

"어쩐지 으스스한데······."

겁이 많은 사자가 잔뜩 움츠러들었어요.

"안녕하세요, 마법사 님. 지금 에메랄드 병원에 콜레라 환자들이 넘쳐나서 물이 부족합니다. 저희에게 물을 내려 주세요."

소녀가 말했어요. 그러자 눈앞에 아주 커다란 그림자가 나타났어요.

"그래. 물을 주겠다. 하지만 명심해라. 병원에 물을 주는 건 이번이 마지막이다."

음침한 목소리가 성 안에 쩌렁쩌렁 울려 퍼졌어요.

"정말 감사합니다! 마법사 님!"

소녀가 치맛자락을 잡고 무릎을 구부리며 사뿐히 인사했어요. 하지만 그 이야기를 듣는 로시는 기분이 나빴어요.

'뭐야…… 물을 주는 게 마지막이라니. 그러면 그 뒤에는 환자들이 잘못돼도 상관없다는 거야?'

목적을 이룬 소녀는 밖으로 나가며 로시에게 손을 흔들어 주었어요.

"로시, 만나서 반가웠어. 내 또래를 만난 건 오랜만이거든. 나중에 또 만나자."

"그래, 꼭 다시 만나자."

소녀가 기다란 복도 속으로 사라지자, 로시는 그림자 앞으로 살금살금 다가갔어요.

"로시, 지금 뭐 하는……."

"쉿!"

허수아비가 말하려고 하자, 로시는 검지를 입

에 가져다 대고 조용히 하라는 신호를 주었어요.

'『오즈의 마법사』 이야기에서 마법사는 진짜 마법사가 아니었어. 마법사인 척하는 인간일 뿐이었지. 지금까지 내가 겪은 일은 오즈의 마법사 이야기와 비슷해. 그러니까 어쩌면 저 마법사도 가짜일지 몰라.'

로시는 마법사의 정체가 의심스러웠어요. 커튼 앞에 다다랐을 때, 로시는 걸음을 멈추고 주위를 살폈어요. 다행히 아무도 없었어요. 로시는 크게 숨을 크게 들이쉬고는 커튼 뒤로 갔어요.

그곳에서 마법사의 정체를 확인한 로시는 소리쳤어요.

"이런 거짓말쟁이!"

누군가 아주 커다란 종이를 붙인 나무 막대를 열심히 흔들고 있었어요. 로시가 본 커다란 그림자는 바로 종이 인형의 그림자였던 거예요.

"너, 너는 누구냐?!"

정체를 들킨 마법사가 당황해서 말을 더듬었어요.

"내 이름은 로시예요. 그리고 아저씨와 같은 지구에서 왔죠."

"뭐? 너도?"

"아저씨는 거짓말쟁이예요. 아저씨를 위대한 마법사라고 알고 있는 오즈 사람들이 불쌍해요."

로시는 팔짱을 끼고 마법사를 노려보았어요. 하지만 마법사는 억울한 표정을 지었어요.

"오즈 나라 사람들이 나한테 속고 있는 건 맞아. 하지만 난 오즈 나라 사람들을 일부러 괴롭힌 게 아니야. 오히려 사람들에게 공정하게 물을 나누어 주기 위해 얼마나 노력하는데."

그 말에 로시의 표정이 조금 누그러졌어요.

"내가 처음 오즈에 왔을 때도 이곳은 물이 부족했어. 그래서 난 사람들에게 댐을 만들자고 했지. 댐이 있으면 가뭄이나 홍수에 대비할 수 있잖아. 홍수가 나면 빗물을 조절해서 땅이 물에 잠기는 걸 막고, 가뭄이 생기면 댐 안에 저장한 물을 꺼내 쓸 수 있으니까."

"댐이 뭐더라? 어디서 들은 것 같은데."

허수아비가 눈치를 보며 조심스레 물었어요.

"전에 말해 줬잖아. 강이나 시냇물이 흐르는 걸 막는 거야. 물이 흐르는 방향을 바꾸거나 속도를 늦출 수도 있지. 주로 콘크리트를 높이 쌓아 올려서 만들어. 둑이라고도 해."

로시가 허수아비의 귀에 대고 작은 소리로 설명해 주었어요.

"오즈는 빗물이 땅속으로 많이 흡수되는 곳이었어. 그래서 지하수가 많이 흐르고 있었지. 하지만 지하수를 너무 많이 뽑아 써 버린 탓에 땅이 무너져서 구멍이 생기도 했어."

"아하! 땅에 구멍이라면, 싱크홀이요?"

"그래, 맞아. 싱크홀. 그래서 난 저수지를 만들기로 했어. 농사짓는

데 필요한 물을 쓰려고 말이야. 오즈의 물 부족을 해결하려고 일을 한 것뿐인데, 어느새 내가 위대한 마법사가 되어 있더라고."

"아…… 오즈 나라 사람들은 아저씨가 한 행동들을 신기한 마법이라고 여긴 거네요."

로시가 고개를 끄덕이며 말했어요.

"그런 것 같아. 하지만 너무 오랫동안 비가 내리지 않아서 가뭄이 심

해졌지. 강도 저수지도 말라 버리고. 그래서 내 방법들은 효과가 별로 없었어."

"댐 안에 가둬 둔 물은요? 그걸 쓰면 되잖아요?"

로시가 물었어요. 로시는 자기도 모르게 마법사의 이야기에 집중하고 있었어요.

"물론 그러기도 했지. 하지만 '고인 물은 썩는다'라는 말이 있잖니. 시간이 지나니까 댐 안에 있던 물들이 썩기 시작했어."

마법사는 금방이라도 울 것처럼 슬픈 얼굴이었어요.

"어느 날 갑자기 오즈 나라에 뚝 떨어져서 황당했지만, 난 오즈 사람들을 위해 최선을 다했다고. 절대 나쁜 사람이 아니야."

"어느 날 갑자기 이곳에 뚝 떨어졌다고요?"

로시가 놀라서 소리쳤어요.

"그래. 도대체 왜 이렇게 된 건지는 모르겠지만 사실이야. 내가 무슨 큰 잘못을 해서 벌을 받는 건지도 모른다는 생각이 들었어. 돌이켜 보니 오즈에 오기 전 나는 물을 펑펑 쓰는 사람이었지. 어쩌면 그래서 이렇게 고생하고 있는 건지도 몰라."

"아…… 저랑 똑같아요. 저도 갑자기 오즈에 뚝 떨어졌어요. 그전에는 물을 펑펑 썼고요."

로시는 이제야 자기가 왜 오즈 나라에 오게 되었는지 좀 알 것 같았어요.

"혹시 물을 구하려고 날 찾아온 거라면, 미안하지만 물을 줄 수 없단다. 지금 내가 물 저장 탱크에 보관하고 있는 물은 에메랄드 시티 사람들이 쓰기에도 부족해."

마법사가 말했어요.

"그럼 다른 사람들은요? 에메랄드 시티 사람들 말고 다른 오즈 사람들은 전부 죽으라고요?"

로시가 흥분해서 소리쳤어요.

'어쩌지. 소년에게 물을 가져다준다고 약속했는데……'

로시는 미안한 마음에 힘이 쭉 빠지는 것 같았어요.

"그럼 어떡해요? 정말 방법이 아무것도 없어요?"

마법사가 잠시 고민하다 진지한 얼굴로 대답했어요.

"으음…… 딱 한 가지 방법이 있어."

"뭔데요? 얼른 가르쳐 주세요!"

로시가 눈을 반짝이며 말했어요.

"저주를 푸는 거야."

"저주요?"

"그래. 오즈에 이렇게 오랫동안 비가 내리지 않는 건, 서쪽 마녀가 저주를 내렸기 때문이거든."

"서쪽 마녀라면…… 옛날에 오즈 사람들의 미움을 받고 쫓겨난 마녀요? 물을 구하려고 마법사를 찾아 나섰던 오즈 사람들이 모두 서쪽 마녀한테 잡혀갔다고 들었어요. 맞나요?"

로시가 물의 요정과 소년에게 들었던 말을 떠올렸어요. 마법사는 고개를 끄덕였어요.

"그래, 모든 게 서쪽 마녀의 짓이지. 만약 로시 네가 서쪽 마녀를 무찌를 수 있다면 오즈에 다시 비가 내리게 될 거야."

"그런데 아저씨는 왜 서쪽 마녀에게 가 보지 않았죠?"

로시가 물었어요.

"난…… 서쪽 마녀가 무섭거든."

마법사는 서쪽 마녀 생각에 오소소 소름이 돋는지 어깨를 움츠렸어요.

로시도 무섭기는 마찬가지였어요. 그래도 이대로 물러설 수는 없다고 생각했어요.

"좋아요. 제가 찾아갈게요. 여기서 포기하면 지금까지 한 고생이 너무 아까워요. 오즈 나라 사람들도 구하고 꼭 집으로 돌아갈 거예요."

로시는 마지막 힘을 내야겠다고 다짐하며 주먹을 꼭 쥐었어요.

도로시의 물 사랑 팁

물 부족 때문에 싱크홀이 생긴다고?

싱크홀(땅 꺼짐 현상)은 갑자기 땅이 무너지면서 커다란 구멍이 생기는 걸 말해요. 작은 것도 있지만 싱크홀은 거대한 건물을 무너뜨릴 정도로 커다랗게 뚫리기도 해요. 그런데 싱크홀이 생기는 이유 중 하나가 바로 물 부족 때문이라고 해요.

우리가 사는 땅 아래에는 지하수가 흐르고 있어요. 그런데 지하수를 사용하려기 위해 계속 퍼내다 보니 물이 흐르던 곳이 비기 시작했죠. 그리고 그 빈 공간 위에 높고 무거운 건물들이 세워졌어요.

그러다 보니 건물의 무게를 이기지 못하고 땅이 무너져 내리는 게 싱크홀의 원인이라는 것이죠. 싱크홀은 주로 퇴적암층에서 생기는데, 우리나라는 단단한 화강암층과 편마암층으로 이루어져 있어서 잘 생기지 않는다고 해요. 하지만 최근 도심지의 지하층이 뚫리는 만큼 지하수의 흐름을 잘 살펴볼 필요가 있어요.

토론왕 되기!

수질 오염은 왜 생기는 걸까?

수질 오염이란 오염된 물이 하천이나 호수, 지하수에 섞이는 것을 말해요. 그렇게 오염된 물은 결국 바다로 흘러가 바다도 오염시키죠.

수질 오염은 옛날부터 있어 왔어요. 하지만 그때는 물이 더러워지는 양이 적어서 자연스럽게 정화가 되었죠. 하지만 지금은 나쁜 물이 생기는 양이 너무도 많아서 자연적으로 정화되기가 힘들어졌어요.

그렇다면 수질 오염의 원인에는 무엇이 있을까요?

가장 먼저 우리가 합성 세제를 사용하거나 음식물 찌꺼기를 버리면서 나오는 생활 하수가 있어요. 이런 생활 하수가 물이 더러워지는 가장 큰 원인이라고 해요. 그리고 공장에서 물건을 만들면서 중금속이 섞인 나쁜 물이 나올 때가 있어요. 이걸 산업 폐수라고 해요.

마지막으로 농장에서 동물들을 키우면서 배출된 가축의 배설물과 사료 등이 섞인 물들이 밖으로 흘러나올 때가 있어요. 이걸 축산 폐수라고 하죠.

이런 수질 오염의 공통점은 모두 사람들이 만들어 내는 것들이라는 점이에요. 하지만 그 피해는 고스란히 지구의 모든 생명체가 받고 있어요. 깨끗한 물을 만들기 위해서 우리 모두가 노력해야 하는 이유예요.

수질 오염은 어떤 병을 일으킬까?

오염된 물이 원인이 되어 생기는 병은 정말 많아요. 그것을 물이 원인이 된 전염병이라고 해서 수인성 전염병이라고 해요. 그중 대표적인 병은 다음과 같아요.

장티푸스 오염된 물이나 음식을 통해 감염되는 병이에요. 40℃ 전후까지 열이 올라가면서 구토 및 설사를 해요. 오한과 두통, 근육통도 함께 생기죠.

콜레라 물이나 음식을 익히지 않고 먹었을 때 걸리는 병이에요. 심한 설사를 계속하고, 탈수 증상이 일어나요.

A형 간염 오염된 물이나 음식물을 통해 감염이 돼요. 간염에 걸리면 계속 피곤하고 입맛이 없고 열이 나고 배가 아파요.

수인성·식품 매개 감염성
수인성·식품 매개 감염병 공통 예방 수칙

 흐르는 물에 30초 이상 비누로 손씻기

 채소 과일은 깨끗한 물에 씻어 껍질을 벗겨 먹기

 음식은 충분히 익혀 먹기

 설사 증상이 있는 경우에 조리하지 않기

 물은 끓여 마시기

 위생적으로 조리하기
*칼, 도마 조리 후 소독, 생선·고기·채소 등 도마 분리 사용 등

자료: 질병관리청

꼼짝 마라, 전염병!

큰일났어요! 전염병들이 물속에 숨어서 도로시 일행을 공격하려고 해요. 전염병의 이름을 맞히면 쫓아낼 수 있어요. 전염병이 말하는 증상을 듣고 이름을 맞혀 보세요.

헤헤헤, 내가 너희 몸속에 들어가면 너희는 심한 설사 때문에 시도 때도 없이 화장실에 가야 할 거야. 그리고 몸에 수분이 쪽 빠져나가서 기운이 하나도 없을걸?

나는 간을 공격하지. 그래서 계속 피곤하고 입맛도 없고 온몸은 열이 나서 펄펄 끓고 배가 아프게 될 거야.

뭐니뭐니해도 수인성 전염병의 대표는 나지! 열이 40℃ 넘게 펄펄 끓으면서 구토와 설사를 해. 그뿐인가? 몸이 벌벌 떨리고 두통과 근육통도 생긴다고.

정답 1. 콜레라균 2. A형 간염 3. 장티푸스

5장
서쪽 마녀와의 마지막 대결

마녀 과학자

로시와 친구들은 서쪽 마녀가 살고 있다는 계곡으로 향했어요.

계곡 사이에 자리잡은 서쪽 마녀의 집은 로시가 상상하던 낡고 허름한 집이 아니었어요. 뾰족한 지붕도 없고, 네모반듯한 건물이었어요. 크기가 무척 커서 마치 공장 같았답니다.

로시는 심호흡을 하고 커다란 철문 앞에 있는 벨을 눌렀어요.

잠시 후, 로시의 눈앞에 웬 여자가 나타났어요. 비쩍 마른 몸에 빨간 뿔테 안경을 쓰고 있었고 표정은 차가웠어요.

"넌 누구지?"

"안녕하세요. 저는 로시고, 서쪽 마녀를 만나러 왔어요."

"내가 서쪽 마녀인데. 무슨 일이지?"

눈앞의 여자가 서쪽 마녀였다니! 초록빛 얼굴에 큰 모자를 쓰고 빗자루를 들고 있을 것 같았는데. 로시는 살짝 당황했지만 곧 침착하게 대답했어요.

"전 원래 지구란 곳에서 살다가 우연히 오즈에 왔어요. 그래서 다시 지구로 돌아가야 해요."

"그럼 가던 길 가지, 왜 나를 찾아온 거야?"

"제가 지구로 돌아가려면 오즈 나라의 물 부족 문제를 해결해야 해요. 그러니 제발 오즈에 내린 저주를 풀어 주세요."

"내가 오즈 사람들을 잡아갔다는 말도 들었겠네? 그런데도 나한테 온 거야? 겁도 없이?"

긴장한 로시가 침을 꼴깍 삼켰어요. 그런데 갑자기 서쪽 마녀가 와하하 웃음을 터뜨렸어요.

"용기가 있는 아이로군. 자, 들어와."

서쪽 마녀가 로시와 친구들에게 길을 터 주었어요. 로시는 일단 안으로 들어가 보기로 했어요.

"헉! 저게 다 뭐지?"

안으로 들어간 로시는 깜짝 놀랐어요. 엄청 커다란 기계들이 가득했거든요.

"저 기계들은 정수 장치야. 물에서 세균이나 냄새를 없애고 철 성분을 제거하는 장치지."

서쪽 마녀가 설명했어요.

"아하! 그러니까 저건 물을 깨끗하게 걸러 주는 아주 커다란 정수기 같은 거네요?"

로시가 자기 집에 있는 정수기를 떠올리며 말했어요.

"그래. 이 정수 장치를 만드느라 아주 오랜 시간이 걸렸단다. 사실 난 마녀가 아니야. 과학자란다."

로시는 서쪽 마녀의 말이 너무 예상 밖이라 아무 말도 할 수가 없었어요.

"오즈 사람들이 날 미워하는 건 맞아. 내가 자꾸 이상한 발명품을 만들었거든. 계속 발명에 실패하다 보니 불량품을 만드는 과학자라고 소문이 났지. 오즈 사람들은 날 싫어했지만 난 오즈 사람들을 싫어한 적이 없어."

서쪽 마녀가 차분하게 말했어요.

"그럼 물을 구하려고 마법사를 찾아 나선 사람들이 다 사라졌다는 이야기는……?"

로시가 조심스럽게 물었어요.

"사라진 사람들은 모두 이곳에 있어. 내가 정수 장치를 만든다는 걸

알고 나서는 모두 나를 도와주고 있어. 모두들 이 장치를 완성할 때까지 돌아가지 않겠다고 했어. 물이 간절하게 필요하니까 말이야."

로시는 이제야 모든 걸 이해했어요.

도로시의 물 사랑 팁

다 쓴 물도 다시 보자! 이스라엘의 물 재활용

중동 한가운데 있는 이스라엘은 원래 대표적인 물 부족 국가였어요. 하지만 지금은 놀랍게도 다른 나라에 물을 수출하고 있죠.
그 비결은 바로 재활용 기술이에요. 이스라엘은 2008년에 70여 개의 폐수 처리 공장을 세웠죠. 그리고 재활용한 폐수를 농사에 사용했어요. 그렇게 하니 농사에 쓰이는 물의 80%를 재활용한 물로 채울 수 있었어요. 거기다 이스라엘은 해수 담수화 공장을 세워서 전 국민이 사용할 수 있을 정도의 물을 계속해서 만들어 내고 있어요. 그러다 보니 다른 나라에 물을 수출할 수 있게 된 것이죠.

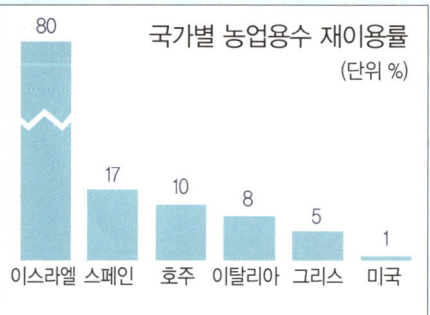

국가별 농업용수 재이용률 (단위 %)

이스라엘 80, 스페인 17, 호주 10, 이탈리아 8, 그리스 5, 미국 1

자료: 히브리대

신기한 정수 장치

"그러니까 이 정수 장치를 통과하면 더러운 물이 깨끗해진다는 거잖아? 그런데 어떤 원리로 물을 깨끗하게 만든다는 거지?"

허수아비가 고개를 갸우뚱거렸어요. 그러자 서쪽 마녀가 무언가 꺼내 보여 주었답니다.

"자, 이걸 보면 정수 장치가 어떻게 물을 깨끗하게 만드는지 알게 될 거야."

눈앞에는 투명한 통이 네 개 있었어요. 그런데 그중 세 개의 통은 좀 특이했어요. 밑면에 구멍이 송송 뚫려 있었거든요. 서쪽 마녀는 조그만 자루에서 자갈, 모래, 숯, 그리고 솜을 꺼냈어요.

"밑이 구멍 뚫린 통 세 개는 물이 통과하는 통이야. 그리고 멀쩡한 통 한 개는 통과한 물을 저장하는 통이고."

마녀는 구멍이 뚫린 통에 자갈을 담았어요.

"으음…… 나머지 구멍 뚫린 통에 모래와 숯을 담는 거겠네요? 제가 담을까요?"

로시가 모래 쪽으로 손을 뻗었어요.

"맞아. 그런데 모래와 숯을 담을 땐 먼저 통 바닥에 솜을 깔아 주어야 돼."

5장 서쪽 마녀와의 마지막 대결

로시가 구멍 뚫린 통에 솜을 깔고 각각 모래와 숯을 담았어요.

"그럼 이제 탑을 쌓아 볼까?"

서쪽 마녀가 구멍이 없는 멀쩡한 통을 제일 밑에 두고, 숯. 모래, 자갈 순으로 통을 쌓았어요. 그다음 물이 담긴 컵을 가져왔어요. 컵에는 흙탕물이 담겨 있었답니다.

"이 흙탕물을 여기 부어 봐. 그러면 제일 마지막 통에는 맑은 물만 남게 될 거야."

서쪽 마녀는 흙탕물이 담긴 컵을 로시에게 건네주었어요. 로시가 조심스럽게 컵을 기울이자 흙탕물은 자갈, 모래, 숯이 담긴 구멍 뚫린 통을 천천히 통과했어요. 그리고 마침내 마지막 통에는 투명한 빛의 맑은 물이 남게 되었지요.

"와 신기해! 저도 부어 보고 싶어요!"

허수아비가 손을 들며 외쳤어요.

서쪽 마녀는 이번엔 기름이 둥둥 뜬 물이 담긴 컵을 허수아비에게 건네주었어요, 허수아비가 기름 물을 붓자 역시 마지막 통에는 맑은 물만 남았답니다.

"아하! 이게 정수 장치의 원리인 거네요. 그럼 이 커다란 기계 안에는 전부 자갈과 모래와 숯이 들어 있는 거예요?"

양철 나무꾼이 물었어요.

"아니. 이 정수 장치 안에는 오염된 물을 걸러 내는 필터라는 게 있어. 필터가 오염된 물을 걸러서 더 깨끗하게 만드는 거지."

빗물 저금통 만들기

"난 예전에 잠시 오즈를 떠나서 다른 나라를 여행한 적이 있어. 내가 갔던 다른 나라들은 빗물을 모아서 쓰고 있었어. 그 모습에 좀 충격을 받았단다. 우리 오즈 사람들은 안 그랬거든. 비가 일 년 내내 풍족하게 오니까 빗물을 저장할 생각 같은 건 하지 못했던 거야."

"아…… 제가 사는 곳에도 빗물을 모아서 쓰는 사람이 많아요. 우리는 그걸 빗물 저금통이라고 불러요. 빗물 저금통에 빗물을 모았다가 식물에 물을 주거나 건물을 청소하기도 해요. 저도 친구들과 빗물 저금통을 만들어 봤는걸요!"

도로시가 학교에서 수업 시간에 친구들과 빗물 저금통을 만들었던 일을 떠올렸어요.

"오 그래? 잘됐다! 그럼 내가 빗물 저금통을 만드는 걸 도와주겠니?"

"좋아요! 저희 모두 도울게요!"

로시와 친구들은 서로 일을 나누어 빗물 저금통을 만들기 시작했어

도로시의 물 사랑 팁

물이 정화되는 빨대가 있다고?

휴대용 태양광 정수기

물이 부족한 국가에서는 사람들이 오염된 물을 마시다 수많은 사람들이 전염병에 걸린다고 해요. 이들에게 가장 필요한 건 깨끗한 물이에요. 하지만 물을 계속 제공해 주는 건 한계가 있죠. 그래서 이들이 주변에서 쉽게 깨끗한 물을 얻을 수 있는 방법을 고민하는 사람들이 많아요. 그 결과물들을 한번 볼까요?

- 전기가 부족한 아프리카에서 태양광을 이용해 정수를 할 수 있는 태양광 정수 장치.
- 빨대 모양으로 생겨 오염된 물을 빨면 정화된 물을 마실 수 있는 빨대형 정수 장치.
- 자전거에 오염된 물을 넣고 페달을 돌리면 정수가 되는 자전거 정수 장치.

이런 신기한 정수 장치 덕분에 물 부족 국가의 사람들은 오늘도 마음 놓고 물을 마실 수 있어요.

요. 먼저 사자가 빗물을 받을 수 있는 커다란 통을 로시 앞으로 가져다 주었지요. 로시는 그 통에 조그만 구멍을 냈어요. 허수아비와 양철 나무꾼은 그 구멍과 딱 맞는 크기의 기다란 관을 구해 왔어요. 그리고 서쪽 마녀는 통 아랫부분에 수도꼭지를 달았어요.

"이 통에 연결된 관을 집의 지붕과 연결하는 거야. 그러면 비가 내릴 때 지붕에서 떨어지는 빗물이 이 관을 타고 흘러내려서 모이게 되는 거지. 통 안에 모인 빗물을 쓸 수 있게 수도꼭지를 달아 주면 돼."

로시가 친구들에게 설명을 해 주었어요.

"우리나라는 아주 옛날부터 빗물을 모아 썼대요. 제주도에서는 나무에 짚을 감싸서 그 짚을 항아리 안에 넣어 두었어요. 나무에 떨어진 빗물이 짚을 타고 흘러서 항아리에 모이는 거죠.."

"로시 네가 사는 나라에는 정말 지혜로운 분들이 많았구나."

"그럼요! 빗물의 양을 재는 측우기도 세계 최초로 만들었는걸요."

로시는 어깨가 으쓱, 신이 났어요.

오즈 나라 안녕!

"내가 만든 정수 장치와 이 빗물 저금통을 가지고 에메랄드 시티에 가야겠어. 나를 도와준 오즈 사람들도 함께 말이야. 하지만 왠지 좀 걱정이 돼. 사람들이 내 말을 믿어 줄까?"

서쪽 마녀는 에메랄드 시티로 가는 것을 망설였어요.

"저랑 함께 가요! 사람들이 의심하면 제가 다 말해 줄게요. 서쪽 마녀님이 오즈 사람들을 위해서 얼마나 훌륭한 일을 했는지, 실은 마녀가 아니라 훌륭한 과학자라고요!"

로시의 말에 서쪽 마녀의 얼굴이 밝아졌어요. 서쪽 마녀는 로시의 두 손을 붙잡고 몇 번이나 고맙다고 말했어요.

"자, 가자! 에메랄드 시티로!"

로시와 함께 마차에 탄 서쪽 마녀가 말에 채찍을 휘둘렀어요. 마차 뒤의 수레에는 정수 장치와 빗물 저금통이 실려 있었어요.

에메랄드 시티 사람들은 서쪽 마녀가 나타나자 깜짝 놀라 모두들 집에 들어가 문을 걸어 잠갔어요. 하지만 로시는 신경 쓰지 않고 제일 먼저 오즈의 마법사를 찾아갔어요.

마법사 역시 서쪽 마녀를 보자, 처음에는 도망치려고 했어요. 그때 로시가 마법사를 막고 상황을 설명했어요.

"지금 당장 에메랄드 시티의 물들을 전부 이 기계에 넣어야 해요. 그러면 이 기계가 콜레라균을 걸러 줄 거예요. 이건 정수 장치거든요."

하지만 마법사는 의심에 찬 눈으로 서쪽 마녀를 바라볼 뿐이었지요.

"저 마녀의 말을 어떻게 믿어!"

"이 분은 마녀가 아니에요. 과학자라고요! 제가 두 눈으로 똑똑히 봤어요. 이 기계가 흙탕물도 맑은 물로 만들었다고요."

로시는 서쪽 마녀와 함께 정수 장치를 만들었던 사람들을 소개했어요.

"이분들은 모두 물을 구하러 갔다가 사라진 오즈 사람들이에요. 서쪽 마녀에게 잡혀간 게 아니라 스스로 남아서 이 정수 장치를 만드는 걸 도왔어요."

로시의 말에 마법사의 표정이 살짝 누그러졌어요. 하지만 아직 의심을 풀지는 않았죠.

"좋아. 그럼 한번 시험해 보도록 하지. 에메랄드 시티의 분수대 물로 말이야."

로시 일행은 모두 분수대로 향했어요. 이야기를 들은 에메랄드 시티 사람들도 모두 분수대로 몰려들었어요.

많은 사람들의 시선을 받자 로시도 긴장되는지 침을 꼴깍 삼켰어요. 옆에 선 서쪽 마녀도 긴장되긴 마찬가지였죠.

서쪽 마녀는 장갑을 끼고 성큼성큼 분수대로 다가갔어요. 그리고 물이 튀지 않도록 조심스럽게 양동이에 물을 펐답니다. 그리고 그 오염된 물을 정수 장치에 부었어요.

"지이이잉! 위이이잉!"

도로시의 물 사랑 팁

흐르는 빗물을 모아요! 빗물 저금통

하늘에서 떨어지는 빗물은 생각보다 정말 깨끗한 물이라고 해요. 간단한 정수 과정만 거치면 바로 사용할 수 있다고 하죠. 그래서 요즘 단독 주택에서는 빗물을 수조에 저장해서 필요할 때 쓸 수 있게 만든 '빗물 저금통'이 인기라고 해요.

빗물 저금통은 빗물을 모아 이물질을 거른 후 물통에 저장한다고 해요. 그렇게 모인 빗물을 텃밭의 채소들에게 주거나, 마당을 청소할 때 써서 수돗물을 아끼는 거죠.

하지만 일부러 건물 밖이나 옥상까지 가서 빗물을 길어 오는 걸 불편해 하는 시민들이 많아서, 실제로 제대로 활용되지 못하고 있는 게 현실이에요. 게다가 빗물이 땅속으로 스며들지 않게 바닥 공사도 해야 되는데, 비용도 많이 드는 단점이 있지요. 그래도 환경을 생각한다면 잘 활용될 수 있도록 서로 노력해야 할 거예요.

정수 장치가 돌아가는 소리가 났어요.

잠시 후, 정수 장치를 통과한 물이 또르르 흘러나오기 시작했지요.

"이게 깨끗한 물이라는 걸 어떻게 증명하지?"

마법사의 말에 로시는 물컵을 들었어요.

"제가 마셔 볼게요!"

사람들이 말릴 새도 없이 로시는 물을 벌컥벌컥 시원하게 마셨어요. 마법사와 에메랄드 시티 사람들은 놀라서 입을 쩍 벌린 채 로시를 쳐다보았어요.

얼마나 시간이 흘렀을까, 여전히 로시는 아무렇지도 않은 표정으로

계속 정수된 물을 마셨어요.

"오랜만에 물을 마시니까 몸이 살아나는 것만 같아요!"

로시의 말에 마법사의 표정이 밝아졌어요.

"이 기계는 진짜 정수 장치가 맞구나! 지금 당장 에메랄드 시티의 모든 물들을 다 이 기계에 통과시켜야겠어!"

그 순간 로시는 갑자기 뭔가 이상한 기분을 느꼈어요. 허수아비도 같은 기분을 느꼈는지 고개를 갸우뚱거리며 말했어요.

"어? 방금 머리에 물방울이 떨어졌는데? 뭐지?"

"혹시……?"

로시가 허공에 손을 뻗었어요. 서쪽 마녀도 하늘을 올려다보았지요.

"앗, 비다!"

하늘에서 내리는 물방울들은 점점 굵어지더니 비가 되어 내리기 시작했어요. 아주 세찬 장대비가 말이에요.

"비다, 비가 내린다!"

"이제 가뭄도 끝이다!"

그때 로시와 서쪽 마녀가 동시에 외쳤어요!

"빗물 저금통!"

로시와 친구들은 서쪽 마녀와 함께 수레에 실린 빗물 저금통을 꺼내 놓았어요.

"그건 뭐니?"

"이건 빗물을 모아서 보관하는 장치예요. 지금 빨리 설치하려고요."

그 말에 가짜 마법사도 힘을 보탰어요.

그때였어요. 로시의 눈앞에 물의 요정이 나타났답니다!

"물의 요정님!"

❀ 안녕하세요, 도로시 님. 오즈 나라에 물이 넘쳐나 도로시 님 곁으로 올 수 있는 힘이 생겼어요. 모두 도로시 님 덕분이에요.

"맞아, 다 로시 덕분이야!"

서쪽 마녀가 맞장구를 쳤어요. 그러자 로시 주위의 사람들이 모두 로시의 이름을 부르며 환호했답니다.

"도로시! 도로시!"

❀ 이젠 힘이 강해졌으니 도로시 님을 집으로 돌려보내 줄 수 있어요. 집으로 돌아갈래요?

"네! 집으로 돌아가고 싶어요!"

로시가 물의 요정에게 힘차게 대답했어요.

로시가 여행을 함께한 친구들에게 작별 인사를 했어요. 허수아비와 양철 나무꾼, 사자의 얼굴에는 눈물인지 빗물인지 모를 물이 흘러내렸어요.

"안녕! 모두들 잘 지내야 돼! 물도 아껴 쓰고!"

"로시, 꼭 다시 와야 해! 기다릴게!"

작별 인사를 끝내자 물의 요정이 둥글게 원을 그렸어요. 순간 로시는 그곳으로 몸이 빨려 들어가는 것 같았어요.

오즈 나라에서 신비한 경험을 한 도로시. 이제 물을 절약하는 어린이로 다시 태어날 수 있을까요?

토론왕 되기!

영국 런던의 템스강에서 악취가?

19세기 영국의 런던은 당시 제일가는 대도시였어요. 온갖 공장들이 생겨났고 사람들로 북적거렸죠. 하지만 그러다 보니 공장에서 나온 폐수와 사람들의 생활 하수가 모두 템스강으로 흘러갔어요. 그러자 템스강의 물은 썩어 갔고 강에서 올라오는 악취 때문에 배가 다니지 못할 정도였어요.

하지만 악취보다 더욱 심각한 문제는 바로 전염병이었죠. 템스강의 강물을 식수로 썼던 런던 사람들은 계속해서 콜레라에 걸렸어요. 1854년 한 해에만 2만 명이 콜레라로 목숨을 잃기도 했어요.

문제의 심각성을 깨달은 영국 정부는 템스강을 되살리기 위해 노력했어요. 오랜 시간 공을 들인 덕분에 지금 템스강은 연어가 뛰어노는 깨끗한 강이 되었답니다.

오염된 물을 깨끗하게 살릴 수 있을까?

오염된 물을 되살리려면 엄청난 양의 물이 필요해요. 물을 오염시키는 원인 중에서 생활 하수가 차지하는 비율이 큰 만큼, 집에서부터 맑은 물을 만들기 위한 노력을 해야 해요.

세면대에 물을 꼭 받아서 사용하고, 기름기 많은 접시는 반드시 화장지로 닦은 뒤 설거지하기로 해요. 먹을 만큼만 음식을 해서 음식물 쓰레기를 줄이는 것도 한 방법이겠죠?

오염원	정화에 필요한 물의 양
간장 1스푼 (15㎖)	450 ℓ
요구르트 1개 (50㎖)	900 ℓ
라면 국물 1그릇 (150㎖)	300 ℓ
쌀뜨물 (2㎖)	1200 ℓ
짬뽕 국물 1그릇 (150㎖)	810 ℓ
된장국 1그릇 (200㎖)	1410 ℓ
마요네즈 1스푼 (10㎖)	2400 ℓ
우유 1컵 (200㎖)	3000 ℓ
어묵 국물 (500㎖)	7500 ℓ
사용하고 남은 기름 (500㎖)	99000 ℓ

도로시가 달라졌어요!

집으로 돌아간 도로시는 물 아끼기 대장이 되었어요. 그러다 오염된 물이 깨끗해지는 데 필요한 깨끗한 물의 양을 알고 나서 깜짝 놀랐죠! 그래서 주방 냉장고에 표를 만들어 붙여 두었는데, 표가 떨어져서 순서가 엉망이 되었네요! 여러분들이 올바른 순서를 찾아 주세요!

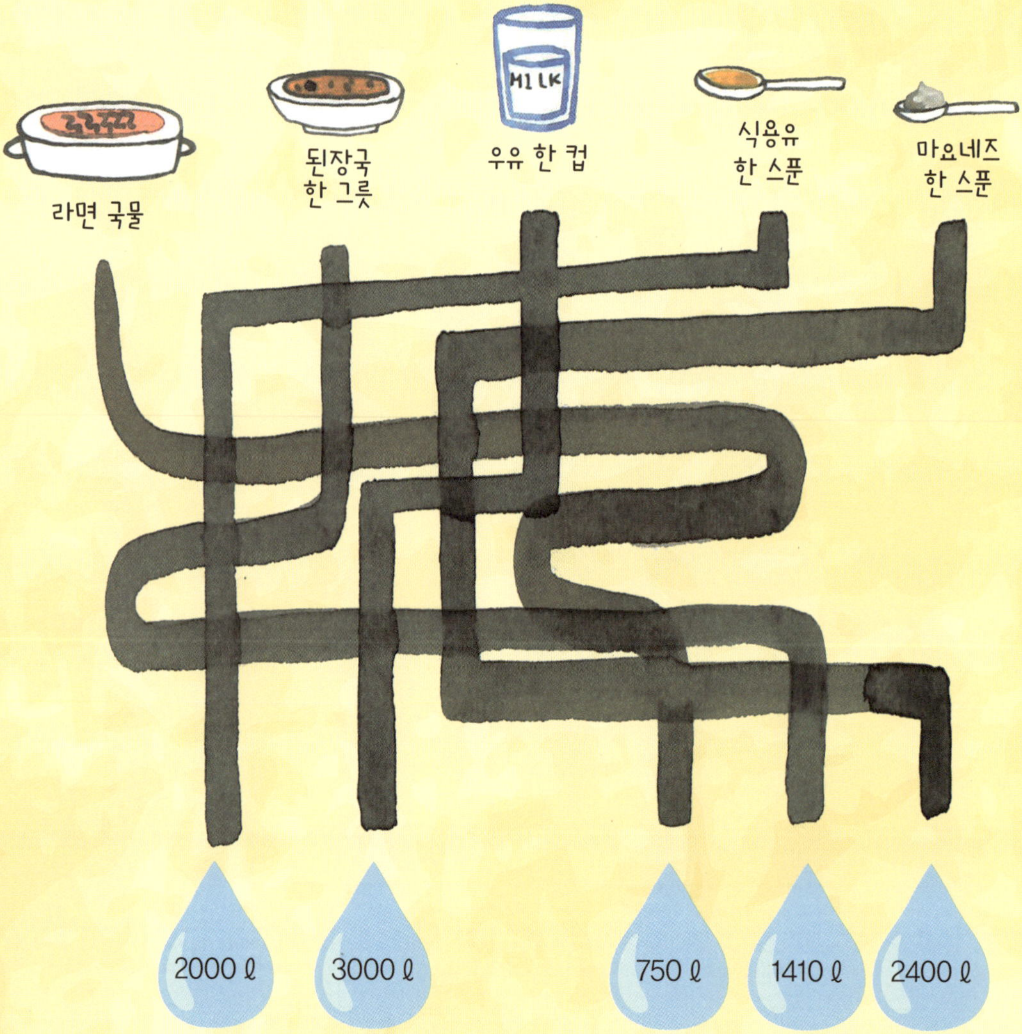

라면 국물 / 된장국 한 그릇 / 우유 한 컵 / 식용유 한 스푼 / 마요네즈 한 스푼

2000 ℓ   3000 ℓ   750 ℓ   1410 ℓ   2400 ℓ

정답
• 라면 국물 − 750 ℓ • 된장국 한 그릇 − 1410 ℓ
• 우유 한 컵 − 3000 ℓ • 식용유 한 스푼 − 2000 ℓ • 마요네즈 한 스푼 − 2400 ℓ

어려운 용어를 파헤치자!

라니냐(La Niña) 엘니뇨와 반대로 적도 부근 동태평양과 중앙태평양의 바닷물 온도가 비정상적으로 낮은 상태로 몇 개월 동안 지속되는 현상을 말해요. 엘니뇨와 반대라는 의미로 "여자아이"라는 뜻의 라니냐라고 불렀지요.

리터(liter) 부피의 단위. 길이 10㎝의 정육면체의 부피를 말해요. ℓ 이외에도 L이나 l로 표기하기도 해요.

물 발자국 가상수가 상품을 만드는 모든 과정에서 사용되는 물의 양만 더했다면, 물발자국은 상품을 만들고 사용하고 폐기할 때까지의 모든 과정에서 직간접적으로 소비되고 오염되는 모든 물을 더한 양을 말해요.

사막화 풀과 나무가 말라 죽어 버리면서 땅이 사막처럼 건조해지고 황폐해지는 현상을 말해요. 극심한 가뭄처럼 기상 변화로 인해 생기는 자연적인 요인도 있지만, 인간이 농사를 짓고 가축을 키우기 위해 숲의 나무를 베어 내고 환경 오염을 일으키는 등 인위적인 요인으로 사막화가 일어나기도 하지요. 전 세계적으로 사막화 현상이 늘어나고 있고, 이런 사막화 때문에 다시 전 지구적인 기후 변화가 생기기도 해요. 그래서 과학자들도 사막화 현상을 심각한 문제로 보고 있답니다.

엘니뇨(El Niño) 적도 부근 동태평양과 중앙태평양의 바닷물 온도가 비정상적으로 높은 상태로 지속되는 현상을 말해요. 보통 몇 개월 정도지만 심하게는 1년 넘게 지속되는 경우도 있어요. 크리스마스 즈음에 발생한다고 해서 이러한 현상을 "아기 예수" 또는 "남자아이"라는 뜻의 스페인어인 엘니뇨라고 불렀다고 해요.

유엔(UN) 국제연합(United Nations)의 약자. 나라와 나라 사이의 협력과 평화를 위해 1945년에 설립된 국제 기구예요.

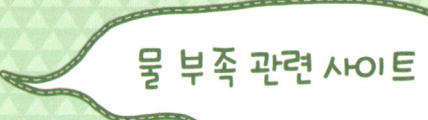

K-water www.kwater.or.kr
한국수자원공사에서 만든 사이트로 한국의 수돗물 정보에 대해 알 수 있는 곳이에요.

단비톡톡 www.kwater.or.kr/danbitoktok
K-water에서 만든 소통 사이트로 물에 대해 궁금한 점이나, 물에 대해 함께 이야기하고 싶은 점을 직접 올려서 사람들과 소통할 수 있게 만든 곳이에요.

국가가뭄정보포털 www.drought.go.kr
우리나라의 가뭄에 대한 예보와 경보를 담당하고, 가뭄의 원인과 사례에 대해 알 수 있도록 만든 사이트예요.

마이워터 www.water.or.kr
물과 관련된 용어를 정리해 둔 물 백과사전, 물에 대해 공부할 수 있는 학습 자료, 그리고 강이나 호수 여행에 대해 알아볼 수 있는 사이트예요.

물환경정보시스템 water.nier.go.kr
물의 오염 정도를 확인할 수 있는 물 환경 정보와 하천의 물길 정보를 알아볼 수 있는 사이트예요.

물사랑누리집 www.ilovewater.or.kr
한국환경공단에서 만든 사이트로 물에 대한 여러 정보를 볼 수 있고, 우리 집 수돗물이 안심하고 마실 수 있는지 검사를 해 달라고 신청할 수 있는 사이트예요.

신나는 토론을 위한 맞춤 가이드

물 부족에 대한 이야기를 재미있게 읽었나요? 이제 물 부족에 관한 한 박사가 다 되었다고요? 그 전에 마지막 단계인 토론을 잊지 마세요. 토론을 잘하려면 올바른 지식과 다양한 정보가 바탕이 되어야 해요. 책을 다 읽고 친구 또는 엄마와 함께 신나게 토론해 봐요!

잠깐! 토론과 토의는 뭐가 다르지?

토론과 토의는 모두 어떤 문제를 해결하기 위해 의견을 나누는 일입니다. 하지만 주제와 형식이 조금씩 달라요. 토의는 여러 사람의 다양한 의견을 한데 모아 협동하는 일이, 토론은 논리적인 근거로 상대방을 설득하는 일이 중요합니다. 토의는 누군가를 설득하거나 이겨야 하는 것이 아니기 때문에 서로 협력해서 생각의 폭을 넓히고 좋은 결정을 내릴 때 필요해요. 반면 토론은 한 문제를 놓고 찬성과 반대로 나뉘어 서로 대립하는 과정을 거치지요. 넓은 의미에서 토론은 토의까지 포함하는 경우가 많습니다. 토론과 토의 모두 논리적으로 생각 체계를 세우고, 사고력과 창의성을 높이는 데 도움을 준답니다.

토론의 올바른 자세

말하는 사람
1. 자신의 말이 잘 전달되도록 또박또박 말해요.
2. 바닥이나 책상을 보지 말고 앞을 보고 말해요.
3. 상대방이 자신의 주장과 달라도 존중해 주어요.
4. 주어진 시간에만 말을 해요.
5. 할 말을 미리 간단히 적어 두면 좋아요.

듣는 사람
1. 상대방에게 집중하면서 어떤 말을 하는지 열심히 들어요.
2. 비스듬히 앉지 말고 단정한 자세를 해요.
3. 상대방이 말하는 중간에 끼어들지 않아요.
4. 다른 사람과 떠들거나 딴짓을 하지 않아요.
5. 상대방의 말을 적으며 자기 생각과 비교해 봐요.

체계적으로 생각하기

물 부족의 원인은 무엇일까요?

물 부족은 왜 일어나는 걸까요? 다음 글을 읽고 물 부족이 일어나는 원인에 대해 생각해 봅시다.

국제 연합 아동기금(UNICEF) 및 세계 보건 기구(WHO)가 2008년에 공동으로 발표한 '식수 및 위생 과정'에 의하면 물 이용의 안정성 측면은 점차 개선되고 있으나, 2012년 기준으로 약 7억 명이 아직까지도 안전한 음용수를 이용할 수 없는 상황이며 약 25억의 인구가 기본적인 위생 시설도 없이 생활하고 있다.

물 이용의 양적인 측면에서 UN은 지난 세기에 인구는 두 배로 증가한 반면 물 사용은 6배나 늘었다고 하였다. 또한 급속한 도시화, 인구 집중, 이상 기후에 따른 가뭄이 세계적인 물 부족을 가중시키고 있어, 유엔 교육 과학 문화 기구(UNESCO)는 "물도 기후 변화나 환경 문제처럼 세계적인 협력과 과학적인 접근이 필요하다"고 촉구하고 있다.

이렇듯 세계 인구 및 물 수요는 급격하게 증가하고 있으나, 지구 전체의 수자원량은 거의 변함이 없어서, 1인당 사용 가능한 물의 양 감소 및 물과 관련된 환경 피해는 갈수록 가속화될 것으로 전망되고 있으며, 최근에는 수소 가스 및 바이오 에탄올 등 대체 에너지 생산을 위한 물 이용의 증가가 더욱 커질 것으로 전망되고 있어 우리나라와 같이 식량 및 에너지 등을 외국에 크게 의존하고 있는 국가의 경우 물 부족이 더욱 심화될 수 있음을 우려하는 학자도 있다.

환경부 발간 〈2020 세계 물의 날 자료집〉

1. 글에 따르면 세계적인 물 부족을 가중시키는 원인에는 무엇이 있나요?

2. 글에서 학자들이 1인당 사용 가능한 물의 양 감소 및 물과 관련된 환경 피해가 갈수록 가속화될 것으로 전망하는 이유는 무엇인가요?

논리적으로 말하기 1

우리나라는 정말 물 부족 국가일까요?

대한민국에서는 어디를 가도 쉽게 물을 구할 수 있어요. 그래서 일상생활에서 물 부족을 느끼기 어렵죠. 다음 기사들을 읽고 우리나라의 물 부족 현상에 대해 생각해 보세요.

유엔은 점차 심각해지는 물 부족과 수질 오염 문제를 방지하고, 물의 소중함을 되새기기 위해 '세계 물의 날'을 정했다. UN은 '국제 인구 행동'이란 비영리 단체가 정한 기준에 따라 국민 1명이 1년 동안 사용할 수 있는 하천수나 지하수 등의 수자원 총량이 1700㎥ 이상이면 물 풍요(water sufficiency), 1000~1700㎥ 사이면 물 스트레스(water stress), 그리고 1000㎥ 이하면 물 기근(water scarcity) 국가로 분류하고 있다. 이 기준에 따르면 한국은 국민 한 사람이 1년간 사용할 수 있는 수자원 총량이 1471㎥로 물 스트레스 국가에 속한다.

동아사이언스 2012/3/18

한국이 물 스트레스 국가이고, 물 부족 국가인데도 평상시 물 부족을 못 느끼는 이유는 무엇일까요? 우선, 앞에서 보았듯이 수자원이 부족하지만, 최대한 취수해서 사용하기 때문에 부족함을 잘 못 느끼는 것입니다. 다만 물을 많이 끌어 쓰다 보니, 강과 하천 생태계에는 스트레스가 되고 있습니다. 두 번째는 가뭄이 들면 정부는 환경 유지 용수부터 공급을 줄입니다. 그리고 가뭄이 더 심해지면 농업용수, 생활용수와 공업용수 순서로 공급을 줄입니다. 가뭄이 들면 하천이 마르고, 논부터 말라붙게 됩니다. 웬만한 가뭄에도 수돗물은 콸콸 잘 나오기 때문에 도시인들은 가뭄이 들어도 잘 느끼지 못하는 것입니다. 아주 심한 가뭄이 들어 도시 가로수가 말라 죽는 경우가 아니면 말입니다. 세 번째는 물을 수입하기 때문입니다. 생수처럼 물을 직접 수입하는 것이 아니더라도 우리가 먹는 식량과 식품을 통해서 물을 수입합니다.

중앙일보 2019/3/23

1. 우리나라가 물 스트레스 국가에 속하게 된 이유는 무엇인가요? 기사를 읽고 답해 보세요.

2. 우리가 일상생활에서 물 부족을 느끼지 못하는 이유는 무엇인가요? 기사의 내용을 정리해서 말해 보세요.

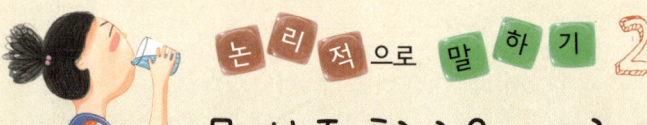 논리적으로 말하기 2

물 부족 현상을 해결하기 위해서는 어떤 노력이 필요할까요?

우리나라는 물 스트레스 국가이긴 하지만 아직까지는 물을 사용하는 데 있어서 어려움을 겪지 않고 있어요. 하지만 10년 후, 100년 후에는 어떨까요? 다음 뉴스를 보고 질문에 답해 보세요.

LIVE

앵커: 오늘은 UN이 정한 세계 물의 날입니다. 부족함 없이 사용하고 있지만 2050년이면 우리나라가 물 부족으로 최대 위기를 맞게 될 것이라는 전망도 나오고 있습니다. 얼마나 심각한 상황인지, 홍상희 기자가 전해드립니다.

기자: 한강 상류 소양강이 바닥을 드러냈습니다. 수위는 157.84m로 지난 1974년 댐 건설 이후 역대 최저치입니다. 지난해 겨울부터 비가 제대로 내리지 않기 때문인데 전국 6개 시군구 2천여 가구는 비상 급수로 물을 받아 쓰고 있는 형편입니다.
문제는 이런 물 부족 현상이 올해만의 일이 아니라는 점입니다.
OECD, 경제협력개발기구는 오는 2050년에는 우리나라가 OECD 회원국 가운데 물 부족으로 인해 가장 큰 고통을 겪게 될 것이라고 경고했습니다. 해마다 여름철이면 홍수 피해를 걱정하는 우리나라에서 왜 물이 부족할까. 좁은 면적에 5천백만이 넘는 인구가 살고 있는 데다 여름철에만 집중적으로 비가 내리기 때문에 실제로 이용할 수 있는 비율은 26%에 불과하기 때문입니다. 노후 상수도관도 물 부족의 원인으로 1년에 수도관에서 새는 물만 6억 5600만 t, 돈으로 환산하면 연간 5570억 원에 이릅니다. 하지만 더 큰 문제는 낭비입니다. 우리 국민 사람이 하루에 쓰는 수돗물 양은 2013년 기준 282ℓ로 세계 최고 수준입니다. 유엔 조사 결과 전 세계 인구 가운데 7억 8천만 명이 안전한 식수를 마시지 못하고 있고 해마다 5세 이하 어린이 180만 명이 안전하지 않은 물 때문에 목숨을 잃고 있습니다. 불확실한 기후 변화로 우리나라에서 가뭄의 위험은 더 커지고 있어 지구촌 물 기근 문제가 현실로 다가오고 있습니다. 이제는 생존을 위한 수자원에 대한 새로운 인식과 확보를 위한 노력이 시급합니다.

YTN 2015/03/22

NEWS

19:20

1. 뉴스에 따르면 우리나라는 언제 물 부족으로 인한 최대 위기를 겪을까요?

2. 뉴스에서는 우리나라가 물 부족 현상을 겪는 이유가 무엇 때문이라고 분석했나요?

3. 뉴스에 따르면 우리나라 정부와 국민들은 물 부족을 막기 위해 어떻게 행동해야할까요?

창의력 키우기

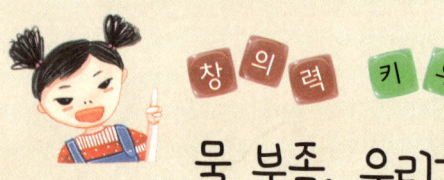

물 부족, 우리가 해결할 수 있을까요?

2019년에 열린 UN 세계 물의 날 자료에 따르면 오늘날 수십 억의 사람들이 안전한 물 없이 생활하고 있다고 해요. 전 세계 4개 초등학교 중 1곳은 식수 공급 서비스가 없으며, 5세 미만의 700명 이상의 아이들이 안전하지 못한 물로 인한 설사로 매일 숨을 거두고 있죠. 물 부족 문제를 빨리 해결하지 못하면 지구상의 모든 사람들이 고통 받을 수 있어요.

어떻게 하면 물 부족 문제를 해결할 수 있을지 여러분들의 생각을 자유롭게 적어 보세요.

예시 답안

물 부족의 원인은 무엇일까요?

1. ① 지난 세기에 인구는 2배로 증가한 반면, 물 사용은 6배나 늘었기 때문에
   ② 급속한 도시화
   ③ 인구 집중
   ④ 이상 기후에 따른 가뭄
2. 세계 인구 및 물 수요는 급격하게 증가하고 있으나, 지구 전체의 수자원량은 거의 변함이 없기 때문에

우리나라는 정말 물 부족 국가일까요?

1. UN의 '국제 인구 행동'이란 비영리 단체가 정한 기준에 따르면 국민 1명이 1년간 사용할 수 있는 수자원 총량이 1000~1700㎥ 사이면 물 스트레스 국가다. 그런데 우리나라는 국민 한 사람이 1년간 사용할 수 있는 수자원 총량은 1471㎥이기 때문에 물 스트레스 국가로 볼 수 있다.
2. ① 물을 최대한 끌어서 사용하기 때문에
   ② 가뭄이 들어도 생활용수는 가장 마지막에 공급을 줄이기 때문에
   ③ 물을 수입하기 때문에

물 부족 현상을 해결하기 위해서는 어떤 노력이 필요할까요?

1. 2050년에 물 부족으로 최대 위기를 겪는다고 한다.
2. ① 좁은 면적에 5100만이 넘는 인구가 살고 있어서
   ② 여름철에만 집중적으로 비가 내리기 때문에 실제로 이용할 수 있는 비율이 26%에 불과해서
   ③ 노후한 상수도관에서 새는 물이 많아서
   ④ 낭비가 심해서
3. 좁은 면적에 인구가 밀집되어 있으므로, 정책적으로 인구 분산을 위한 계획을 세워야 한다. 또한 여름철에만 집중적으로 비가 내리기 때문에 '빗물 저금통' 등 강수량이 충분할 때 빗물을 모으고 그것을 생활 속에서 활용할 수 있도록 노력해야 한다. 노후된 상수도관 때문에 물이 새어 나가므로, 새로 교체해야 할 필요성도 있다. 하지만 무엇보다 평소에 물을 아껴 쓰는 습관을 들여야 할 것이다.

뭉치 수학왕
전 40권
수학이 쉬워지고, 명작보다 재미있는

"인공지능(AI) 시대의 힘은 수학에서 나온다!"

정가 480,000원

개념 수학 〈1단계〉① 양치기 소년은 연산을 못한대(수와 연산) ② 견우와 직녀가 분수 때문에 싸웠대(수와 연산) ③ 헨젤과 그레텔은 도형이 너무 어려워(도형) ④ 쉿! 신데렐라는 시계를 못 본대(측정) ⑤ 알쏭달쏭 알라딘은 단위가 헷갈려(측정) ⑥ 떡장수 할머니와 호랑이는 구구단을 몰라(규칙성) ⑦ 아기 염소는 경우의 수로 늑대를 이겼어(자료와 가능성) ⑧ 개념 수학 1단계-백점맞는 수학 문장제 〈2단계〉⑨ 가우스, 동화 나라의 사라진 0을 찾아라(수와 연산) ⑩ 가우스는 소수 대결로 마녀들을 물리쳤어(수와 연산) ⑪ 앨런, 분수와 소수로 악당 히들러를 쫓아내려(수와 연산) ⑫ 오일러와 피키오는 도형춤 대회 1등을 했어(도형) ⑬ 오일러, 오즈의 입체도형 마법사를 찾아라(도형) ⑭ 유클리드, 플라톤의 진리를 찾아 도형 왕국을 구하라(도형) ⑮ 아르키는 어림하기로 걸리버 아저씨를 구했어(측정) ⑯ 페르마, 수리수리 규칙을 찾아라(규칙성) ⑰ 피보나치, 수를 배열해 비밀의 방을 탈출하라(규칙성) ⑱ 파스칼은 통계 정리로 나쁜 왕을 혼내줬어(자료와 가능성) ⑲ 개념 수학 2단계-백점맞는 수학 문장제 〈3단계〉⑳ 약수와 배수로 유령 선장을 이긴 15소년(수와 연산) ㉑ 입체도형으로 수학왕이 된 앨리스(도형) ㉒ 원주율로 떠나는 오디세우스의 수학 모험(측정) ㉓ 비례배분으로 보물섬을 발견한 해적 실버(규칙성) ㉔ 로미오와 줄리엣이 첫눈에 반할 확률은?(자료와 가능성) ㉕ 개념 수학 3단계-백점맞는 수학 문장제

융합 수학 ㉖ 쌍둥이 건물 속 대칭축을 찾아라(건축) ㉗ 열차와 배에서 배수와 약수를 찾아라(교통) ㉘ 스포츠 속 황금 각도를 찾아라(스포츠) ㉙ 옷과 음식에도 단위의 비밀이 있다고?(음식과 패션) ㉚ 꽃잎의 개수에 담긴 수열의 비밀(자연)

창의 수학 ㉛ 퍼즐탐정 썰렁홈즈1-외계인 스콜피오스의 음모 ㉜ 퍼즐탐정 썰렁홈즈2-315일간의 우주여행 ㉝ 퍼즐탐정 썰렁홈즈3-뒤죽박죽 백설공주 구출 작전 ㉞ 퍼즐탐정 썰렁홈즈4-'지지리 마란드라'의 방학숙제 대작전 ㉟ 퍼즐탐정 썰렁홈즈5-수학자 '더하기를 모테'와 한판 승부 ㊱ 퍼즐탐정 썰렁홈즈6-설국언차 기관사 '얼어도 달리능기라' ㊲ 퍼즐탐정 썰렁홈즈7-해설 및 정답

개념 사전 ㊳ 수학 개념 사전 1(수와 연산) ㊴ 수학 개념 사전 2(도형) ㊵ 수학개념사전 3(측정/규칙성/자료와 가능성)